"问道·强国之路"丛书　主编——董振华

韩宪洲——主编

建设贸易强国

中国青年出版社

"问道·强国之路"丛书

出版说明

为中国人民谋幸福、为中华民族谋复兴,是中国共产党的初心使命。

中国共产党登上历史舞台之时,面对着国家蒙辱、人民蒙难、文明蒙尘的历史困局,面临着争取民族独立、人民解放和实现国家富强、人民富裕的历史任务。

"蒙辱""蒙难""蒙尘",根源在于近代中国与工业文明和西方列强相比,落伍、落后、孱弱了,处处陷入被动挨打。

跳出历史困局,最宏伟的目标、最彻底的办法,就是要找到正确道路,实现现代化,让国家繁荣富强起来、民族振兴强大起来、人民富裕强健起来。

"强起来",是中国共产党初心使命的根本指向,是近代以来全体中华儿女内心深处最强烈的渴望、最光辉的梦想。

建设 贸易 ⎯⎯⎯⎯→ 强国

  从1921年红船扬帆启航，经过新民主主义革命、社会主义革命和社会主义建设、改革开放和社会主义现代化建设、中国特色社会主义新时代的百年远征，中国共产党持续推进马克思主义基本原理同中国具体实际相结合、同中华优秀传统文化相结合，在马克思主义中国化理论成果指引下，带领全国各族人民走出了一条救国、建国、富国、强国的正确道路，推动中华民族迎来了从站起来、富起来到强起来的伟大飞跃。

  一百年来，从推翻"三座大山"、为开展国家现代化建设创造根本社会条件，在革命时期就提出新民主主义工业化思想，到轰轰烈烈的社会主义工业化实践、"四个现代化"宏伟目标，"三步走"战略构想，"两个一百年"奋斗目标，中国共产党人对建设社会主义现代化强国的孜孜追求一刻也没有停歇。

  新思想领航新征程，新时代铸就新伟业。

  党的十八大以来，中国特色社会主义进入新时代，全面"强起来"的时代呼唤愈加热切。习近平新时代中国特色社会主义思想立足实现中华民族伟大复兴战略全局和世界百年未有之大变局，深刻回答了新时代建设什么样的社会主义现代化强国、怎样建设社会主义现代化强国等重大时代课题，擘画了建设社会主义现代化强国的宏伟蓝图和光明前景。

  从党的十九大报告到党的十九届五中全会通过的《中共中央关于制定国民经济和社会发展第十四个五年规划和二〇三五年远景目标的建议》、党的十九届六中全会通过的《中共中央关于党的百年奋斗重大成就和历史经验的决议》，建设社会主义现代化强国的号角日益嘹亮、目标日益清晰、举措日益坚实。在以习近平同志为核心的党中央的宏伟擘画中，"人才强国"、"制造强国"、"科技强国"、"质量强国"、"航天强国"、"网络强国"、"交通强国"、"海洋强国"、"贸易强国"、"文化强国"、"体育强国"、"教育强国",以及"平安中国"、"美丽中国"、"数字中国"、"法治中国"、"健康中国"等,一个个强国目标接踵而至,一个个美好愿景深入人心,一个个扎实部署深入推进,推动各个领域的强国建设按下了快进键、迎来了新高潮。

"强起来",已经从历史深处的呼唤,发展成为我们这个时代的最高昂旋律;"强国建设",就是我们这个时代的最突出使命。为回应时代关切,2021年3月,我社发起并组织策划出版大型通俗理论读物——"问道·强国之路"丛书,围绕"强国建设"主题,系统集中进行梳理、诠释、展望,帮助引导大众特别是广大青年学习贯彻习近平新时代中国特色社会主义思想,踊跃投身社会主义现代化强国建设伟大实践,谱写壮美新时代之歌。

"问道·强国之路"丛书共17册,分别围绕党的十九大报告等党的重要文献提到的前述17个强国目标展开。

丛书以习近平新时代中国特色社会主义思想为指导,聚焦新时代建设什么样的社会主义现代化强国、怎样建设社会主义现代化强国,结合各领域实际,总结历史做法,借鉴国际经验,展现伟大成就,描绘光明前景,提出对策建议,具有重要的理论价值、宣传价值、出版价值和实践参考价值。

丛书突出通俗理论读物定位,注重政治性、理论性、宣传性、专业性、通俗性的统一。

丛书由中央党校哲学教研部副主任董振华教授担任主编,红旗文稿杂志社社长顾保国担任总审稿。各分册编写团队阵容权威齐整、组织有力,既有来自高校、研究机构的权威专家学者,也有来自部委相关部门的政策制定者、推动者和一线研究团队;既有建树卓著的资深理论工作者,也有实力雄厚的中青年专家。他们以高度的责任、热情和专业水准,不辞辛劳,只争朝夕,潜心创作,反复打磨,奉献出精品力作。

在共青团中央及有关部门的指导和支持下,经过各方一年多的共同努力,丛书于近期出版发行。

在此,向所有对本丛书给予关心、予以指导、参与创作和编辑出版的领导、专家和同志们诚挚致谢!

让我们深入学习贯彻习近平新时代中国特色社会主义思想,牢记初心使命,盯紧强国目标,奋发勇毅前行,以实际行动和优异成绩迎接党的二十大胜利召开!

中国青年出版社

2022年3月

"问道·强国之路"丛书总序：

沿着中国道路，阔步走向社会主义现代化强国

实现中华民族伟大复兴，就是中华民族近代以来最伟大的梦想。党的十九大提出到2020年全面建成小康社会，到2035年基本实现社会主义现代化，到本世纪中叶把我国建设成为富强民主文明和谐美丽的社会主义现代化强国。在中国这样一个十几亿人口的农业国家如何实现现代化、建成现代化强国，这是一项人类历史上前所未有的伟大事业，也是世界历史上从来没有遇到过的难题，中国共产党团结带领伟大的中国人民正在谱写着人类历史上的宏伟史诗。习近平总书记在庆祝改革开放40周年大会上指出："建成社会主义现代化强国，实现中华民族伟大复兴，是一场接力跑，我们要一棒接着一棒跑下去，每一代人都要为下一代人跑出一个好成绩。"只有回看走过的路、比较别人的路、远眺前行的路，我们才能够弄清楚我

们为什么要出发、我们在哪里、我们要往哪里去,我们也才不会迷失远航的方向和道路。"他山之石,可以攻玉。"在建设社会主义现代化强国的历史进程中,我们理性分析借鉴世界强国的历史经验教训,清醒认识我们的历史方位和既有条件的利弊,问道强国之路,从而尊道贵德,才能让中华民族伟大复兴的中国道路越走越宽广。

一、历经革命、建设、改革,我们坚持走自己的路,开辟了一条走向伟大复兴的中国道路,吹响了走向社会主义现代化强国的时代号角。

党的十九大报告指出:"改革开放之初,我们党发出了走自己的路、建设中国特色社会主义的伟大号召。从那时以来,我们党团结带领全国各族人民不懈奋斗,推动我国经济实力、科技实力、国防实力、综合国力进入世界前列,推动我国国际地位实现前所未有的提升,党的面貌、国家的面貌、人民的面貌、军队的面貌、中华民族的面貌发生了前所未有的变化,中华民族正以崭新姿态屹立于世界的东方。"中国特色社会主义所取得的辉煌成就,为中华民族伟大复兴奠定了坚实的基础,中国特色社会主义进入了新时代。这意味着中国特色社会主义道路、理论、制度、文化不断发展,拓展了发展中国家走向现代化的途径,给世界上那些既希望加快发展又希望保持自身独立性的国家和民族提供了全新选择,为解决人类问题贡献了中国智慧和中国方案,同时也昭示着中华民族伟大复兴的美好前景。

新中国成立七十多年来,我们党领导人民创造了世所罕见的经济快速发展奇迹和社会长期稳定奇迹，以无可辩驳的事实宣示了中国道路具有独特优势，是实现伟大梦想的光明大道。习近平总书记在《关于〈中共中央关于制定国民经济和社会发展第十四个五年规划和二〇三五年远景目标的建议〉的说明》中指出："我国有独特的政治优势、制度优势、发展优势和机遇优势，经济社会发展依然有诸多有利条件，我们完全有信心、有底气、有能力谱写'两大奇迹'新篇章。"但是，中华民族伟大复兴绝不是轻轻松松、敲锣打鼓就能实现的，全党必须准备付出更为艰巨、更为艰苦的努力。

过去成功并不意味着未来一定成功。如果我们不能找到中国道路成功背后的"所以然"，那么，即使我们实践上确实取得了巨大成功，这个成功也可能会是偶然的。怎么保证这个成功是必然的，持续下去走向未来？关键在于能够发现背后的必然性，即找到规律性，也就是在纷繁复杂的现象背后找到中国道路的成功之"道"。只有"问道"，方能"悟道"，而后"明道"，也才能够从心所欲不逾矩而"行道"。只有找到了中国道路和中国方案背后的中国智慧，我们才能够明白哪些是根本的因素必须坚持，哪些是偶然的因素可以变通，这样我们才能够确保中国道路走得更宽更远，取得更大的成就，其他国家和民族的现代化道路才可以从中国道路中获得智慧和启示。唯有如此，中国道路才具有普遍意义和世界意义。

二、世界历史沧桑巨变，照抄照搬资本主义实现强国是没有出路的，我们必须走出中国式现代化道路。

现代化是18世纪以来的世界潮流，体现了社会发展和人类文明的深刻变化。但是，正如马克思早就向我们揭示的，资本主义自我调整和扩张的过程不仅是各种矛盾和困境丛生的过程，也是逐渐丧失其生命力的过程。肇始于西方的、资本主导下的工业化和现代化在创造了丰富的物质财富的同时，也拉大了贫富差距，引发了环境问题，失落了精神家园。而纵观当今世界，资本主义主导的国际政治经济体系弊端丛生，中国之治与西方乱象形成鲜明对比。照抄照搬西方道路，不仅在道义上是和全人类共同价值相悖的，而且在现实上是根本走不通的邪路。

社会主义是作为对资本主义的超越而存在的，其得以成立和得以存在的价值和理由，就是要在解放和发展生产力的基础上，消灭剥削，消除两极分化，最终实现共同富裕。中国共产党领导的社会主义现代化，始终把维护好、发展好人民的根本利益作为一切工作的出发点，让人民共享现代化成果。事实雄辩地证明，社会主义现代化建设不仅造福全体中国人民，而且对促进地区繁荣、增进各国人民福祉将发挥积极的推动作用。历史和实践充分证明，中国特色社会主义不仅引领世界社会主义走出了苏东剧变导致的低谷，而且重塑了社会主义与资本主义的关系，创新和发展了科学社会主义理论，用实践证明了马克思主义并没有过时，依然显示出科学思想的伟力，对世界社会主义发展具有深远历史意义。

从现代化道路的生成规律来看，虽然不同的民族和国家在谋求现代化的进程中存在着共性的一面，但由于各个民族和国家存在着诸多差异，从而在道路选择上也必定存在诸多差异。习近平总书记指出："世界上没有放之四海而皆准的具体发展模式，也没有一成不变的发展道路。历史条件的多样性，决定了各国选择发展道路的多样性。"中国道路的成功向世界表明，人类的现代化道路是多元的而不是一元的，它拓展了人类现代化的道路，极大地激发了广大发展中国家"走自己道路"的信心。

三、中国式现代化遵循发展的规律性，蕴含着发展的实践辩证法，是全面发展的现代化。

中国道路所遵循的发展理念，在总结发展的历史经验、批判吸收传统发展理论的基础上，对"什么是发展"问题进行了本质追问，从真理维度深刻揭示了发展的规律性。发展本质上是指前进的变化，即事物从一种旧质态转变为新质态，从低级到高级、从无序到有序、从简单到复杂的上升运动。在发展理论中，"发展"本质上是指一个国家或地区由相对落后的不发达状态向相对先进的发达状态的过渡和转变，或者由发达状态向更加发达状态的过渡和转变，其内容包括经济、政治、社会、科技、文化、教育以及人自身等多方面的发展，是一个动态的、全面的社会转型和进步过程。发展不是一个简单的增长过程，而是一个在遵循自然规律、经济规律和社会规律基础上，通过结构优化实现的质的飞跃。

发展问题表现形式多种多样，例如人与自然关系的紧张、贫富差距过大、经济社会发展失衡、社会政治动荡等，但就其实质而言都是人类不断增长的需要与现实资源的稀缺性之间的矛盾的外化。我们解决发展问题，不可能通过片面地压抑和控制人类的需要这样的方式来实现，而只能通过不断创造和提供新的资源以满足不断增长的人类需要的路径来实现，这种解决发展问题的根本途径就是创新。改革开放40多年来，我们正是因为遵循经济发展规律，实施创新驱动发展战略，积极转变发展方式、优化经济结构、转换增长动力，积极扩大内需，实施区域协调发展战略，实施乡村振兴战略，坚决打好防范化解重大风险、精准脱贫、污染防治的攻坚战，才不断推动中国经济更高质量、更有效率、更加公平、更可持续地发展。

发展本质上是一个遵循社会规律、不断优化结构、实现协调发展的过程。协调既是发展手段又是发展目标，同时还是评价发展的标准和尺度，是发展两点论和重点论的统一，是发展平衡和不平衡的统一，是发展短板和潜力的统一。坚持协调发展，学会"弹钢琴"，增强发展的整体性、协调性，这是我国经济社会发展必须要遵循的基本原则和基本规律。改革开放40多年来，正是因为我们遵循社会发展规律，推动经济、政治、文化、社会、生态协调发展，促进区域、城乡、各个群体共同进步，才能着力解决人民群众所需所急所盼，让人民共享经济、政治、文化、社会、生态等各方面发展成果，有更多、更直接、更实在的获得感、幸福感、安全感，不断促进人的全面发展、全体人民共同富裕。

人类社会发展活动必须尊重自然、顺应自然、保护自然，遵循自然发展规律，否则就会遭到大自然的报复。生态环境没有替代品，用之不觉，失之难存。环境就是民生，青山就是美丽，蓝天也是幸福，绿水青山就是金山银山；保护环境就是保护生产力，改善环境就是发展生产力。正是遵循自然规律，我们始终坚持保护环境和节约资源，坚持推进生态文明建设，生态文明制度体系加快形成，主体功能区制度逐步健全，节能减排取得重大进展，重大生态保护和修复工程进展顺利，生态环境治理明显加强，积极参与和引导应对气候变化国际合作，中国人民生于斯、长于斯的家园更加美丽宜人。

正是基于对发展规律的遵循，中国人民沿着中国道路不断推动科学发展，创造了辉煌的中国奇迹。正如习近平总书记在庆祝改革开放40周年大会上的讲话中所指出的："40年春风化雨、春华秋实，改革开放极大改变了中国的面貌、中华民族的面貌、中国人民的面貌、中国共产党的面貌。中华民族迎来了从站起来、富起来到强起来的伟大飞跃！中国特色社会主义迎来了从创立、发展到完善的伟大飞跃！中国人民迎来了从温饱不足到小康富裕的伟大飞跃！中华民族正以崭新姿态屹立于世界的东方！"

有人曾经认为，西方文明是世界上最好的文明，西方的现代化道路是唯一可行的发展"范式"，西方的民主制度是唯一科学的政治模式。但是，经济持续快速发展、人民生活水平不断提高、综合国力大幅提升的"中国道路"，充分揭开了这些违背唯物辩证法"独断论"的迷雾。正如习近平总书记在庆祝改革开放40周年大会上的讲话中所指出的："在中国这样一个有着5000多年文明史、13亿多人口的大国推进改革发展，没有可以奉为金科玉律的教科书，也没有可以对中国人民颐指气使的教师爷。鲁迅先生说过：'什么是路？就是从没路的地方践踏出来的，从只有荆棘的地方开辟出来的。'"我们正是因为始终坚持解放思想、实事求是、与时俱进、求真务实，坚持马克思主义指导地位不动摇，坚持科学社会主义基本原则不动摇，勇敢推进理论创新、实践创新、制度创新、文化创新以及各方面创新，才不断赋予中国特色社会主义以鲜明的实践特色、理论特色、民族特色、时代特色，形成了中国特色社会主义道路、理论、制度、文化，以不可辩驳的事实彰显了科学社会主义的鲜活生命力，社会主义的伟大旗帜始终在中国大地上高高飘扬！

四、中国式现代化是根植于中国文化传统的现代化，从根本上反对国强必霸的逻辑，向人类展示了中国智慧的世界历史意义。

《周易》有言："形而上者谓之道，形而下者谓之器。"每一个国家和民族的历史文化传统不同，面临的形势和任务不同，人民的需要和要求不同，他们谋求发展造福人民的具体路径当然可以不同，也必然不同。中国式现代化道路的开辟充分汲取了中国传统文化的智慧，给世界提供了中国气派和中国风格的思维方式，彰显了中国之"道"。

中国传统文化主张求同存异的和谐发展理念，认为万物相辅相成、相生相克、和实生物。《周易》有言："生生之谓易。"正是在阴阳对立和转化的过程中，世界上的万事万物才能够生生不息。《国语·郑语》中史伯说："夫和实生物，同则不继。以他平他谓之和，故能丰长而物归之；若以同裨同，尽乃弃矣。"《黄帝内经素问集注》指出："故发长也，按阴阳之道。孤阳不生，独阴不长。阴中有阳，阳中有阴。"二程（程颢、程颐）认为，对立之间存在着此消彼长的关系，对立双方是相互影响的。"万物莫不有对，一阴一阳，一善一恶，阳长而阴消，善增而恶减。"他们认为"消长相因，天之理也。""理必有对待，生生之本也。"正是在相互对立的两个方面相生相克、此消彼长的交互作用中，万事万物得以生成和毁灭，不断地生长和变化。这些思维理念在中国道路中也得到了充分的体现。中国道路主张合作共赢，共同发展才是真的发展，中国在发展过程中始终坚持互惠互利的原则，欢迎其他国家搭乘中国发展的"便车"。中国道路主张文明交流，一花独放不是春，世界正是因多彩而美丽，中国在国际舞台上坚持文明平等交流互鉴，反对"文明冲突"，提倡和而不同、兼收并蓄的理念，致力于世界不同文明之间的沟通对话。

中国传统文化主张世界大同的和谐理念，主张建设各美其美的和谐世界。为世界谋大同，深深植根于中华民族优秀传统文化之中，凝聚了几千年来中华民族追求大同社会的理想。不同的历史时期，人们都从不同的意义上对大同社会的理想图景进行过描绘。从《礼记》提出"天下为公，选贤与能，讲信修睦。故人不独亲其亲，不独子其子。使老有所终，壮有所用，幼有所长，鳏寡孤独废疾者皆有所养"的社会大同之梦，到陶渊明在《桃花源记》中描述的"黄发垂髫，并怡然自乐"的平静自得的生活场景，再到康有为《大同书》中提出的"大同"理想，以及孙中山发出的"天下为公"的呐喊，一代又一代的中国人，不管社会如何进步，文化如何发展，骨子里永恒不变的就是对大同世界的追求。习近平总书记强调："世界大同，和合共生，这些都是中国几千年文明一直秉持的理念。"这一论述充分体现了中华传统文化中的"天下情怀"。"天下情怀"一方面体现为"以和为贵"，中国自古就崇尚和平、反对战争，主张各国家、各民族和睦共处，在尊重文明多样性的基础上推动文明交流互鉴。另一方面则体现为合作共赢，中国从不主张非此即彼的零和博弈，始终倡导兼容并蓄的理念，我们希望世界各国能够携起手来共同应对全球挑战，希望通过汇聚大家的力量为解决全球性问题作出更多积极的贡献。

中国有世界观，世界也有中国观。一个拥有5000多年璀璨文明的东方古国，沿着社会主义道路一路前行，这注定是改变历史、创造未来的非凡历程。以历史的长时段看，中国的发展是一项属于全人类的进步事业，也终将为更多人所理解与支持。世界好，中国才能好。中国好，世界才更好。中国共产党是为中国人民谋幸福的党，也是为人类进步事业而奋斗的党，我们所做的一切就是为中国人民谋幸福、为中华民族谋复兴、为人类谋和平与发展。中国共产党的初心和使命，不仅是为中国人民谋幸福，为中华民族谋复兴，而且还包含为世界人民谋大同。为世界人民谋大同是为中国人民谋幸福和为中华民族谋复兴的逻辑必然，既体现了中国共产党关注世界发展和人类事业进步的天下情怀，也体现了中国共产党致力于实现"全人类解放"的崇高的共产主义远大理想，以及立志于推动构建"人类命运共同体"的使命担当和博大胸襟。

中华民族拥有在5000多年历史演进中形成的灿烂文明，中国共产党拥有百年奋斗实践和70多年执政兴国经验，我们积极学习借鉴人类文明的一切有益成果，欢迎一切有益的建议和善意的批评，但我们绝不接受"教师爷"般颐指气使的说教！揭示中国道路的成功密码，就是问"道"中国道路，也就是挖掘中国道路之中蕴含的中国智慧。吸收借鉴其他现代化强国的兴衰成败的经验教训，也就是问"道"强国之路的一般规律和基本原则。这个"道"不是一个具体的手段、具体的方法和具体的方略,而是可以为每个国家和民族选择"行道"之"器"提供必须要坚守的价值和基本原则。这个"道"是具有共通性的普遍智慧,可以启发其他国家和民族据此选择适合自己的发展道路,因而它具有世界意义。

路漫漫其修远兮,吾将上下而求索。"为天地立心,为生民立命,为往圣继绝学,为万世开太平",是一切有理想、有抱负的哲学社会科学工作者都应该担负起的历史赋予的光荣使命。问道强国之路,为实现社会主义现代化强国提供智慧指引,是党的理论工作者义不容辞的社会责任。红旗文稿杂志社社长顾保国、中国青年出版社总编辑陈章乐在中央党校学习期间,深深沉思于问道强国之路这一"国之大者",我也对此问题甚为关注,我们三人共同商定联合邀请国内相关领域权威专家一起"问道"。在中国青年出版社皮钧社长等的鼎力支持和领导组织下,经过各位专家学者和编辑一年的艰辛努力,几易其稿。这套丛书凝聚着每一位同仁不懈奋斗的辛勤汗水、殚精竭虑的深思智慧和饱含深情的热切厚望,终于像腹中婴儿一样怀着对未来的希望呱呱坠地。我们希望在强国路上,能够为中华民族的伟大复兴奉献绵薄之力。我们坚信,中国共产党和中国人民将在自己选择的道路上昂首阔步走下去,始终会把中国发展进步的命运牢牢掌握在自己手中!

是为序!

董振华

2022年3月于中央党校

目 录

前　言 001

第1章　不畏浮云遮望眼
——如何认识建设贸易强国

一、贸易强国的科学内涵 007

二、建设贸易强国的重要意义 012

三、影响贸易强国建设的短板 017

四、建设贸易强国的关键路径 022

第2章　纵观寰宇强者路
——世界贸易强国强在哪里

一、强在贸易主体竞争能力 027

二、强在贸易地位掌控能力 032

三、强在贸易平台影响能力 037

四、强在贸易结构优化能力 041

五、强在贸易效益提升能力 043

第3章　打开国门搞建设
——建设贸易强国的历史方位

一、中国已经成为世界贸易大国：历史成就 049

二、中国如何成为世界贸易大国：历史经验 061

第4章 宝剑锋自磨砺出
——练好内功推进贸易高质量发展

一、贸易主体培育力度还要加大 073

二、贸易地位提升能力还要加强 078

三、贸易平台打造水平还要提高 083

四、贸易结构优化程度还要加深 088

五、贸易效益提升效果还要突出 091

第5章 转型升级谱新篇
——培育新业态新模式增添新动能

一、大力培育外贸新业态新模式 099

二、着力提升服务贸易整体水平 106

三、创新增强数字贸易发展能力 110

四、努力迈向全球价值链中高端 116

第6章 百年变局抓机遇
——增强定力应对外部环境新挑战

一、积极推动建设开放型世界经济 123

二、积极应对主要经济体间贸易摩擦 133

三、有效减小新冠肺炎疫情持续影响 141

第7章 关键一招开新路
——构建新发展格局增强竞争新优势

一、"双循环"新发展格局的内涵 147

二、通过国内大循环为经济发展赋能 151

三、构建国内国际双循环新发展格局 155

第 8 章　直挂云帆济沧海
——砥砺奋进建设贸易强国

一、新时代贸易强国建设的新方位 161

二、贸易强国建设的光明前景 164

三、向贸易强国目标砥砺前进 168

后　记 173

前 言

2021年7月1日,在庆祝中国共产党成立100周年的大会上,习近平总书记代表党和人民庄严宣告,经过全党全国各族人民持续奋斗,我们实现了第一个百年奋斗目标,在中华大地上全面建成了小康社会,历史性地解决了绝对贫困问题,正在意气风发向着全面建成社会主义现代化强国的第二个百年奋斗目标迈进。

建设贸易强国是全面建成社会主义现代化强国的重要组成部分。党的十九大报告中明确提出,要拓展对外贸易,培育贸易新业态新模式,推进贸易强国建设。随着实现中华民族伟大复兴进入了不可逆转的历史进程,建设贸易强国已经成为我国经济高质量发展的迫切要求,是我国提升外贸竞争力的必然延伸,也是我国提升国际话语权的重要保障。

如何认识贸易强国和如何建设贸易强国,既是摆在我们面前的一个重要理论问题,也是一个重要的实践问题。我们希望通过本书，能够帮助读者更深入地认识这个问题，并能激发读者对这个问题的兴趣和思考。

纵观世界强国的发展史，对外贸易无不在其成为强国的道路上发挥了举足轻重的作用。当今世界各贸易强国的发展历程告诉我们，贸易强国应当在贸易主体竞争能力、贸易地位掌控能力、贸易平台影响能力、贸易结构优化能力和贸易效益提升能力这五个维度上具备优势和领先地位。

新中国成立以来，特别是改革开放以来，我国的对外贸易取得快速发展。当前中国已经成为世界第一大贸易国，但与世界公认的贸易强国相比，仍存在一定的差距，"大而不强"仍是制约贸易高质量发展的瓶颈，我国对外贸易还有很大的发展空间和潜力。

《中共中央关于制定国民经济和社会发展第十四个五年规划和二〇三五年远景目标的建议》指出，我国发展环境面临深刻复杂变化，当前和今后一个时期，我国发展仍然处于重要战略机遇期，但机遇和挑战都有新的发展变化。目前，我国对外贸易发展正面临逆全球化、新冠肺炎疫情、大国政治博弈等一系列挑战，建设贸易强国任重道远、道阻且长。但机遇与挑战并存，我们正处在一个充满希望的时代。我们要加快构建以国内大循环为主体，国内国际双循环相互促进的新发展格局；逐步提升中国企业和产品在国际市场上的核心竞争力，增强我国在国际市场上的影响力与话语权；积极推进贸易高质量发展，突破瓶颈，培育国际竞争新优势；通过加强同其他经济体的沟通交流，以对外贸易的发展为人类命运共同体的构建添砖加瓦。

本书共八章，其中第一章介绍我国建设贸易强国的背景和重要意义；第二章是对世界贸易强国历史经验的研究；第三章回顾了我国对外贸易发展的历史成就和历史经验；第四章至第七章探讨了我国建设贸易强国的方向、目标和路径；第八章尝试为读者描绘我国建设贸易强国的未来图景。在编写过程中，我们力图以通俗易懂的语言向读者全方位阐释新时代建设贸易强国的中国之道。

全面建成社会主义现代化强国的第二个百年奋斗目标正向我们发出召唤，实现贸易强国的目标就在前方。让我们正确认识新时代建设贸易强国的理论和政策，准确把握新时代建设贸易强国的新定位，为实现贸易强国的目标踔厉奋发，为实现中华民族的伟大复兴努力奋斗。

编者

2022年2月

第 1 章

不畏浮云遮望眼

——如何认识建设贸易强国

当今世界正在经历新一轮大发展大变革大调整,各国经济社会发展联系日益密切,全球治理体系和国际秩序变革加速推进。同时,世界经济深刻调整,保护主义、单边主义抬头,经济全球化遭遇波折,多边主义和自由贸易体制受到冲击,不稳定不确定因素依然很多,风险挑战加剧。这就需要我们从纷繁复杂的局势中把握规律、认清大势,坚定开放合作信心,共同应对风险挑战。

——国家主席习近平在首届中国国际进口博览会开幕式上的主旨演讲(2018年11月5日)

第 ① 章　→ 不畏浮云遮望眼——如何认识建设贸易强国

党的十九大报告指出，我国经济已由高速增长阶段转向高质量发展阶段，正处在转变发展方式、优化经济结构、转换增长动力的攻关期，建设现代化经济体系是跨越关口的迫切要求和我国发展的战略目标，必须坚持质量第一、效益优先，不断增强我国经济创新力和竞争力。拓展对外贸易，培育贸易新业态新模式，推进贸易强国建设是推动形成全面开放新格局的重要战略要求，也是建设现代化经济体系的重要工作内容之一。

一、贸易强国的科学内涵

在新时代背景下，从贸易大国向贸易强国迈进，是我国推进贸易高质量发展的必然选择，也是建设现代化经济体系的重要抓手之一。建设贸易强国，首先要对贸易强国有科学的认识。

（一）贸易强国目标的确立

贸易强国建设是实现中华民族伟大复兴的中国梦不可或缺的战略任务。当前我国已经成为世界贸易大国，从贸易大国向贸易强国转变就成为我国对外贸易发展的长期战略目标。自2010年起，国家陆续出台了一系列政策文件积极推进贸易强国建设。2010年4月18日，商务部在广交会上发布了《后危机时代中国外贸发展战略》报告，首次提到我国到2030年要初步实现贸易强国的战略目标。

2016年1月，国务院印发了《关于促进加工贸易创新发展的若干意见》，提出要"巩固传统优势，加快培育竞争新优势，逐步变'大进大出'为'优进优出'"，"推动我国产业向全球价值链高端跃升,助力贸易大国向贸易强国转变"。同年12月,商务部印发了《对外贸易发展"十三五"规划》,提出"大力实施优进优出战略,加快转变外贸发展方式,调结构转动力,巩固和提升外贸传统竞争优势,培育以技术、标准、品牌、质量、服务为核心的外贸竞争新优势,推动外贸向优质优价、优进优出转变,巩固贸易大国地位,推进贸易强国进程"。2017年10月18日,党的十九大报告提出了"把我国建设成为富强民主文明和谐美丽的社会主义现代化强国"的奋斗目标,在这一总目标下又提出了制造强国、科技强国、教育强国、质量强国、航天强国等具体目标,在对外经济贸易领域提出了"推进贸易强国建设"的明确要求。2018年3月11日,商务部在十三届全国人大一次会议的记者会上提到商务部规划了三个阶段性目标,即"2020年前,进一步巩固经贸大国地位,推进经贸强国的进程;2035年前,基本建成经贸强国;2050年前,全面建成经贸强国"。2020年12月29日,中国共产党第十九届中央委员会第五次全体会议通过《中共中央关于制定国民经济和社会发展第十四个五年规划和二〇三五年远景目标的建议》,进一步提出"立足国内大循环,发挥比较优势,协同推进强大国内市场和贸易强国建设"。一系列重要部署,勾画了贸易强国建设这个国家在外贸领域长期重点推进的重大战略的概貌。

(二)贸易强国标准的讨论

建设贸易强国,首先要明确的问题是贸易强国的衡量标准是什么,即贸易强国的内涵是什么。目前,对于贸易强国的衡量标准,还未形成广泛的共识。贸易强国是一个动态发展的概念，在不同时代有其特定的内涵，贸易强国的评判标准也会随着不同历史时期的经济背景变化而变化。[1]

何谓贸易强国，国内专家学者从不同视角展开了界定。商务部原部长钟山指出，贸易强国应在贸易规模、进出口结构、贸易模式、产品质量、品牌国际化、技术、货币国际化、国际投资等方面达到世界领先水平。[2]商务部国际贸易经济合作研究院院长顾学明在2016年接受新华社记者专访时指出，贸易强国一般应是贸易大国，占据较大的国际市场份额，并且具备贸易结构优、贸易竞争力强、贸易效益好、国际分工地位高、拥有国际市场议价权和国际规则制定主导权等特征。国务院发展研究中心对外经济研究部原部长赵晋平认为，作为贸易强国，需在全球规则制定中发挥引领作用，提升全球经济治理能力，提供更多公共产品。在他看来，贸易强国建设关系到一国在全球价值链中地位的改变，实际体现的是该国全球影响力的提升。[3]

此外，还有一部分学者认为，贸易强国在全球价值链中增值幅度应该是最大的，并且拥有较多的"超级明星企业"；[4]与此同时，贸易强国还应具备强大的制造业基础、完善的市场经济体制、健全的知识产权保护体系、多元化的进出口市场、良好的国家品牌形象、较高的国际认可度、与贸易规模相匹配的国

---

1. 裴长洪、刘洪愧：《中国怎样迈向贸易强国：一个新的分析思路》，载《经济研究》，第52卷，第5期，2017年5月20日。
2. 钟山主编：《中国外贸强国发展战略研究：国际金融危机之后的新视角》，北京：中国商务出版社2012年版，第79页。
3. 吴力：《三问"贸易强国"》，载《国际商报》，2018年1月4日。
4. 张亚斌、李峰、曾铮：《贸易强国的评判体系构建及其指标化——基于GPNS的实证分析》，载《世界经济研究》，第10期，2007年10月25日。

际话语权,[1]以及较强的贸易获利能力。[2]

<拓展阅读>

不同历史时期的贸易强国内涵

不同时期的贸易强国内涵存在较大的差异。在重农主义时期,贸易强国的评判标准也许是农产品的出口量,而重商主义时期的判断标准则是从出口中所获取的黄金白银等贵金属量。亚当·斯密的绝对优势理论提出后,贸易强国可能依据劳动生产率的高低来定义;大卫·李嘉图的比较优势理论问世后,可能将以一国是否有效利用其比较优势来界定贸易强国;而根据赫克歇尔和俄林等人主张的要素禀赋理论,一国是否在劳动力或者资本等要素上具有优势可能决定该国是否贸易强国。后来以克鲁格曼为代表的新贸易理论学派认为贸易强国应具有规模经济、产品差异化的特征。[3]

(三)贸易强国的内涵

综合学界对贸易强国衡量标准的讨论,笔者认为,贸易强国除了应具备庞大的贸易规模、占据较大的国际市场份额外,还应拥有强大的贸易主体竞争能力、强大的贸易地位掌控能力、

---

1. 袁阳丽、段胜峰、刘建江、李喜梅:《新时代贸易强国的内涵及实现路径》,载《长沙理工大学学报(社会科学版)》,第33卷,第6期,2018年11月19日。
2. 毛海涛、钱学锋、张洁:《中国离贸易强国有多远:基于标准化贸易利益视角》,载《世界经济》,第42卷,第12期,2019年12月10日。
3. 裴长洪、刘洪愧:《中国怎样迈向贸易强国:一个新的分析思路》,载《经济研究》,第52卷,第5期,2017年5月20日。

强大的贸易平台影响能力、强大的贸易结构优化能力和强大的贸易效益提升能力。具体来看：

一是强大的贸易主体竞争能力。贸易主体是指从事对外贸易活动的组织或个人，而企业是贸易主体的核心力量。贸易强国应拥有数量相对较多的国际知名品牌企业，这些企业具有极强的全球竞争实力，能够掌握关键领域的核心技术，所出口的产品有较高的技术含量和国内附加值，能够占据全球价值链的中高端位置，在行业占据较大的国际市场份额，还具有较强的自主创新能力。此外，这些企业具有前瞻性，可以很好地把握科技和产业发展新方向，能够对重大前沿性领域及早部署，加快培育和发展节能环保、新一代信息技术、生物、高端装备制造、新能源、新材料、新能源汽车等战略性新兴产业，在未来科技和产业发展中占得先机。

二是强大的贸易地位掌控能力。贸易强国应具备强大的贸易地位掌控能力，也就是话语权，能够在全球经济治理中掌握一定的制度性话语权，能够参与国际规则的制定。对于一些不公平的国际规则，贸易强国能在适当的时机争取修订；对于一些与该国有关的新的国际规则的创建，能争取体现其思想、价值和方案。在国际规则制定过程中，贸易强国能力争做到在议题设置上有引导力，在规则制定的讨论中有说服力，对霸权倾向有回击力，对质疑有解释力。[1] 同时，贸易主体能够在国际市场上拥有重要产品的定价权。

---

1. 张志洲：《增强中国在国际规则制定中的话语权》，载《人民日报》，2017年2月17日。

三是强大的贸易平台影响能力。贸易强国应具备强大的贸易平台影响力,可以依托跨境电子商务平台以及利用大数据和外贸综合服务平台,搭建信息互通、服务共享、信用透明的"买全球卖全球"新型贸易平台,并广泛推广于全球;能够依托强大的贸易平台,强化世界各国的经贸往来,拓展更多的贸易伙伴关系,提高抗风险能力,降低贸易壁垒,提升贸易便利化水平。

四是强大的贸易结构优化能力。贸易强国应具备持续优化贸易结构的能力,能够积极优化国际市场布局、国内区域布局,以及经营主体、商品结构和贸易方式。在国际市场布局方面,能够加强对新兴市场的开拓,实现传统市场与新兴市场并举。在商品结构和贸易方式优化方面,能够大力发展高质量、高技术、高附加值产品,加快推动智能制造发展。通过不断做强一般贸易,提升加工贸易水平,探索发展新型贸易方式。贸易强国能推动区域间融通联动,促进各区域协调发展。

五是强大的贸易效益提升能力。成为贸易强国,意味着其贸易主体具有较高的贸易效益。从全球价值链发展的角度来看,贸易强国的产业一般占据全球价值链的中高端,从事设计、研发等赋予产品高附加值、带来高利润的增值环节,其出口商品多以技术密集型产品和知识密集型产品为主,出口国内附加值率较高,具有较强的获利能力。从贸易条件来看,贸易强国能够以相对较少的出口商品换取相对较多的进口商品。

二、建设贸易强国的重要意义

我国是世界第一大货物贸易国家,但我国还不是贸易强国。

第①章 → 不畏浮云遮望眼——如何认识建设贸易强国

实现中华民族伟大复兴进入了不可逆转的历史进程，建设贸易强国已经成为中国经济高质量发展的必然要求，具有重大的现实意义。

（一）建设贸易强国的现实背景

我国已经成为世界贸易大国。自我国加入世界贸易组织（World Trade Organization，WTO）以来，我国对外贸易总体上实现了跨越式发展，为我国经济发展乃至世界经济发展作出了重要的贡献。根据海关总署的统计，2001年，我国的货物进出口总额仅有约5096.5亿美元，到2020年已增长至46559亿美元左右，2020年我国的货物进出口总额大概是2001年的9.14倍，年均增长率高达12.35%。世界贸易组织公布的

* "中国加入世贸组织二十周年：互利共赢 共创未来"高层论坛在上海举行（新华社，记者金立旺摄）

数据表明,早在2013年,中国就已超越美国,成为世界第一大货物贸易大国。在2020年,中国的货物进出口总额占世界货物进出口总额的比重高达13.52%,而美国的这一占比仅为11.15%。

我国的货物出口总额从2001年的2661亿美元增长至2020年的25900亿美元,年均增长率为12.72%。2009年,我国跃居世界第一大货物出口国,从此确立了"世界工厂"的地位,实现了出口贸易的"跨越式发展"。

我国的货物进口总额从2001年的2436亿美元增长至2020年的20660亿美元,年均增长率为11.91%。同样在2009年,中国超越德国成为世界第二大货物进口国,仅次于美国,并持续至今。

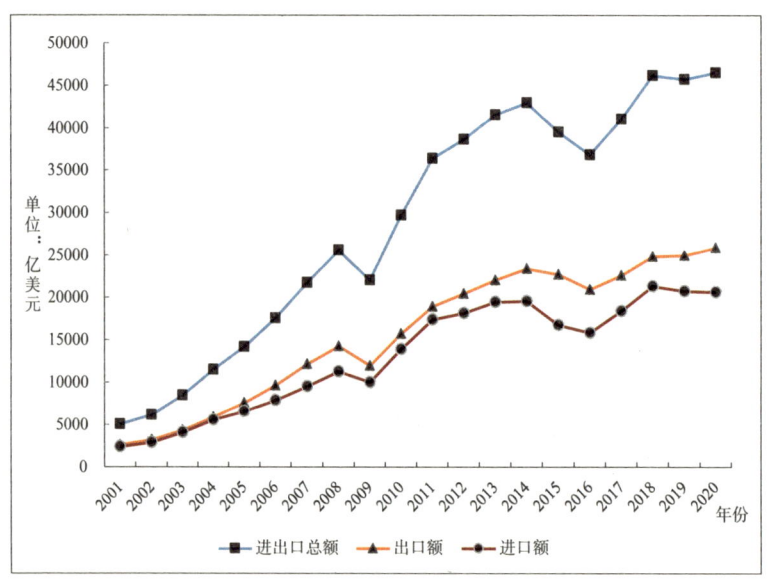

* 2001—2020年我国对外贸易发展趋势图。数据来源:中华人民共和国海关总署

从上述贸易规模来看，我国早已成为名副其实的贸易大国。但是，我国还远非贸易强国，具体表现为：

第一，我国企业在国际上还不具备较强的市场竞争力，总体上自主创新能力薄弱，缺乏关键领域核心技术。高科技领域的绝大多数发明专利，我国仍依赖于从国外进口，如无线电传输、半导体、计算机等领域的发明专利主要来自外国企业和外资企业。再者，众多产业缺乏核心技术，受制于人。如在通信产业，因缺乏具有自主知识产权的高端芯片，中国企业的发展受到严重制约。

第二，我国的贸易地位掌控能力不强，缺乏国际市场议价能力和重要产品的定价权，在国际经贸规则制定方面参与度仍不够高。与我国世界第二大经济体、世界第一大贸易国的地位不匹配的是，我国在国际市场上严重缺乏话语权，对外贸易"大而不强"也导致我国难以实际参与国际经贸规则制定并设置经贸规则议题。我国是全球大宗商品的最大消费国和进口国，但是在大宗商品市场上并没有多少话语权，相关企业的议价能力薄弱，所获利润极低，处于价值链低端。

第三，我国的贸易平台影响力和贸易便利化水平还有待提升。近年来，我国积极推进贸易平台搭建，进博会、服贸会、广交会等一系列大型国际展会为全球经贸活动注入了新的活力，我国对贸易平台的掌控能力显著提高，但贸易平台的影响力仍然不足。此外，我国的贸易便利化水平虽然得到大幅度提升，但是在精简进出口环节监管证件、缩短进出口货物整体通关用时、降低进出口环节合规成本等方面依然存在较大的改善空间。

* 第四届进博会技术装备展区（新华社，记者金立旺摄）

第四，我国的贸易结构有待持续优化。在国际市场布局方面，我国对传统进出口市场的依赖程度较高，发达国家一直是我国主要的进口来源国和出口目的国，而与新兴国家和"一带一路"沿线国家的贸易规模相对较小。就商品结构而言，在国际市场中，我国的比较优势主要还是在劳动密集型产品上，而在附加值高、技术含量高的知识密集型产品和技术密集型产品上尚未具备比较优势。此外，知识和技术密集型产品贸易的形式单一，生产能力和结构性矛盾较为突出。

第五，我国企业出口产品的国内附加值率偏低，产品质量及产品单价较低，企业的实际获利能力薄弱，贸易效益不高。在出口方面，我国许多企业存在"大进大出"的特点，出口产品的技术含量不高，导致其长期徘徊于价值链的中低端位置，未能形成具有较强市场竞争力的自主品牌。

（二）建设贸易强国的现实意义

毫无疑问，建设贸易强国有非常重要的现实意义。

首先，建设贸易强国有助于推动我国经济高质量发展。当前，我国经济正处在转变发展方式、优化经济结构、转换增长动力的攻关期，从贸易大国转变为贸易强国不仅是时代发展的需要，还是新的历史发展阶段的必然要求。对外贸易是联接国内外市场的重要桥梁，是推动国内国际双循环新发展格局的关键纽带，也是实现产业转型升级、提升国际竞争力的重要引擎和不可或缺的关键驱动力量。

其次，建设贸易强国有助于促进我国对外贸易转型升级。对外贸易作为拉动经济增长的"三驾马车"之一，其发展质量直接关乎我国经济发展的质量与效率。我国传统粗放型外贸发展模式已经难以为继，客观形势要求我国必须转变发展模式，提升外贸竞争力，改善贸易条件，加强自主创新，不断向全球产业链和价值链的中高端延伸，从"中国制造"迈向"中国创造"，持续提升企业的活力和实际获利能力，改善和满足人民群众对高品质、高技术产品的需求，激活市场。

再次，建设贸易强国有助于提升我国的国际经济地位。我国亟须通过建设贸易强国提升自身综合实力，巩固贸易地位，强化贸易优势，优化贸易结构。建设贸易强国是实现我国对外贸易由大变强、国际经济地位由低变高的重要保障。

三、影响贸易强国建设的短板

长期以来，我国凭借廉价劳动力的人口红利快速融入了全球价值链分工体系，使我国对外贸易得到了快速发展，不仅对外贸易规模不断壮大，而且贸易结构也得以持续优化，贸易伙伴更是遍及全世界。改革开放以来，经过40多年的快速发展，我国已经成功从一个"名不见经传"的贸易小国华丽转身为举世瞩目的世界第一大货物贸易大国。可以说，我国对外贸易发展速度惊人，成绩斐然。

然而，值得关注的是，目前与美、日、德、英等贸易强国相比，我国还有很长的一段路要走。与我国经济转向高质量发展阶段相伴而来的是，对外贸易也亟须转向高质量发展。近年来，受内部条件和外部环境变化的影响，我国对外贸易发展的增速减缓，一些关键性的核心问题逐渐凸显。

从我国的内部条件来看，在历史发展的新阶段，我国经济正处于增速换挡、经济结构转型的关键时期，经济下行压力增大。制约对外贸易发展的因素众多，具体来说，主要有以下几点：

一是贸易顺差较大，加大了我国调整经济结构和扩大对外开放的外部压力。自加入WTO以来，我国的对外贸易顺差总体上保持不断增长。海关总署的统计显示，2001年，我国的对外贸易顺差仅有225亿美元左右，到2020年我国的对外贸易顺差已增长至5240亿美元。持续增长的贸易顺差，一方面有利于国家创收外汇，促进经济增长，提升居民收入，增强抵御国际支付风险的能力；但另一方面也暴露出我国经济运行结构性失衡的矛盾，同时容易引发因此而出现贸易逆差的国家专门针对中国实行贸易保护主义措施。

二是出口产品质量与发达国家差距明显，制约了我国企业提升出口产品核心竞争力。尽管近年来我国的出口结构不断优化，出口产品技术含量稳步提升，但是我国企业出口产品的平均质量与世界主要发达国家相比，仍然存在较大差距。[1]随着人口红利逐渐消失，我国依赖产品低价发展模式在国际市场上获得的竞争优势已经难以保持。我国的生产要素综合成本不仅高于东南亚、印度等周边国家和地区，甚至与美国等发达国家相比也几乎没有优势。

三是我国产业多处于全球价值链中低端位置，限制了我国企业获得更高的贸易利润。从世界产业结构的基本布局来看，美、日、德、英等发达国家依然占据全球价值链的中高端，牢牢掌握高新技术产业及传统制造业的高端核心技术，而以中国为首的新兴发展中国家不得不继续扮演加工基地的角色，从事处于价值链中低端的生产与组装活动。在全球产业链上，我国还只停留在"世界工厂"的位置，中国的企业和产品被锁定在全球价值链的中低端，国内附加值率偏低，企业从对外贸易中获得的利润有限。以iPhone手机为例，在2017年，每出售一台定价为999美元的iPhone X，中国在整个制造环节中仅能赚取售价的约5%，远低于美国、日本、韩国凭借设计和技术获得的利润分成。[2]

四是缺乏国际议价能力和定价权，削弱了我国的贸易主导力。尽管我国是石油、铁矿石等大宗商品的消费大国，但

---

1. 魏浩、连慧君：《进口竞争与中国企业出口产品质量》，载《经济学动态》，第10期，2020年10月18日。
2. 魏浩、连慧君、张雨：《中国高技术产品进口的基本态势与应对策略》，载《国际贸易》，第12期，2020年12月28日。

在国际上还未掌握大宗商品定价的话语权。在国际市场上，甚至出现"中国买什么，什么就涨价，中国卖什么，什么就降价"的荒诞怪象，表明我国严重缺失议价能力和定价权。中国与他国谈生意的"平台"、"谈判桌"、规则和条件都不在中国。[1]

<拓展阅读>

  梦想照进现实，中粮集团领跑全球大粮商

  2021年《财富》世界500强排行榜显示，中粮集团高居第112位，营收为国际粮商之首，这是中粮集团入榜以来的最高排名，表明中粮集团正逐渐打破世界四大粮商——美国ADM、美国邦吉、美国嘉吉、法国路易达孚——长期垄断世界粮食的贸易格局。

  长期以来，我国在国际粮食贸易中缺乏应有的话语权和定价权，基本属于国际粮食价格接受者。以大豆为例，尽管我国每年进口的大豆占全球大豆出口量的60%左右，是世界最大的大豆进口国，但是大豆的进口价格却由国际粮商说了算，这让我国陷入了"买什么就涨什么"的经济怪圈，在进口粮食时不得不承受价格随时上涨的采购压力。

  定价权决定着一国在国际粮食贸易中的地位和利益，我国仍需继续培育更多国际大粮商，提高我国粮商在国际

---

1. 王炜瀚：《有原油期货就有"中国价格"？中国离定价权其实还遥远》，载《华夏时报》，2018年4月30日。

市场的定价权和话语权。[1]

五是关键核心技术受制于人,"卡脖子"问题日趋严峻。近年来国家持续推进创新驱动发展战略,但是我国企业总体创新能力依然薄弱,严重制约企业培育外贸竞争力,导致企业出口产品的质量及国内附加值率难以得到快速提升,在国际市场上尚未获得核心竞争优势。

六是服务贸易长期处于逆差,不利于我国对外贸易的平衡发展。我国的服务贸易发展较为滞后,缺乏国际竞争力,长期处于逆差状态,与货物贸易发展不协调的问题日渐突出,这是我国建设贸易强国过程中需要关注的重点。

从我国的外部环境来看,世界正处于百年未有之大变局,外部环境的不确定因素持续增多。2008年金融危机以来,全球经济和贸易增速放缓,世界主要国家经济低迷,外需增长缓慢,美国等主要经济体逆全球化抬头,单边主义和保护主义愈演愈烈,贸易摩擦明显增加,WTO等多边贸易体制遭受严峻挑战。

我国是全球贸易摩擦的主要对象国,"中国威胁论"的错误认识甚嚣尘上,使我国面临严峻的外部经贸环境。据WTO统计,从1995年到2020年,我国遭遇的反倾销调查案件共计1481起,中国已连续26年成为全球遭遇反倾销调查最多的国家,且案件数量基本呈上升趋势。对中国发起反倾销调查最多的经济体依次是印度、美国、欧盟、阿根廷、巴西。

---

1. 刘慧:《培育具有国际定价权的大粮商》,载《经济日报》,2021年8月26日。

总的来看，我国对外贸易发展的内部条件和外部环境均已发生重大改变，亟须加快外贸转型升级，推进贸易高质量发展。

四、建设贸易强国的关键路径

贸易强国建设是一项系统性的工程，需要各个部门通力合作，共同努力，相互促进。具体来看，建设贸易强国应重点从以下几个方面着手：

一是着力打造制造强国，坚持创新引领发展。建设贸易强国的前提基础是打造制造强国。从"中国制造"到"中国创造"，我国必须深耕创新引领发展战略，加大研发创新投入和高端创新型人才培育，加快提升关键核心技术领域的自主研发能力，着力打造具有中国特色的自主品牌，抢占外贸发展和全球产业链的制高点。

二是提升贸易平台影响力，推动市场主体做大做强。我国需加快国有企业改革，助其提高国际市场竞争力，还要激发民营企业的市场活力和竞争潜力，鼓励民营企业不断扩大外贸市场份额，巩固出口竞争优势，同时也要充分利用外资企业改善进出口贸易结构。在贸易平台方面，要充分发挥跨境电商等新业态新模式的作用，高度重视并继续办好中国国际进口博览会等一系列重要的贸易平台，加强我国与世界各国的贸易往来，突出中国推进贸易开放和经济全球化发展的重要作用。不断优化市场主体和做大做强贸易平台，将有助于持续推动国内产业升级和产品创新。

三是优化对外贸易结构，促进贸易平衡发展。不以单方面追求出口扩张或进口扩张为目标,走"优出优进"的对外贸易发展路线,合理控制进出口贸易失衡问题,努力保持我国在货物贸易上的竞争优势和主导地位。在出口方面,做大做强做优出口贸易,不断提高出口产品的质量、技术含量和国内附加值,充分发挥出口对经济增长的提振作用。在进口方面,积极扩大高技术产品进口,服务国内经济高质量发展;扩大高端消费品进口,满足国内居民更高层次的消费需求。

四是开拓多元化国际市场,优化国际市场布局。我国需要降低对主要贸易伙伴的依赖程度,开拓多元化的国际市场,提高抗风险能力;既要巩固和稳定既有的欧美等发达国家市场,又要积极开拓"一带一路"沿线国家的新兴市场,提高与"一带一路"沿线国家贸易往来在外贸中所占的比重,不断提升我国的国际市场份额和国际影响力。

＊"上海号"中欧班列从上海首发(新华社,记者丁汀摄)

五是提高服务贸易竞争力，开拓新业态新模式。我国要积极发展服务业，并通过发展服务业提升制造业在全球价值链中的地位；既要深度挖掘旅游业、运输业等传统服务行业的发展潜力，又要结合互联网、人工智能等新技术，积极开拓服务贸易新业态新模式，不断提高服务贸易的层次和水平，减少服务贸易逆差，提高服务贸易国际竞争力，使服务贸易与货物贸易相辅相成，夯实贸易强国建设的根基。

六是营造良好的营商环境，积极参与国际经贸规则制定。我国需积极推进制度化、法治化营商环境的形成，大力塑造公平竞争的市场秩序，加强知识产权保护，提供高质量的贸易金融服务，不断提升贸易便利化水平。此外，需要加强对外话语权体系建设，着力打造具有中国特色的新概念新表述，增强主动设置国际议题的能力和舆论引导力，努力在国际市场上赢得更多主动权和话语权。

第 2 章

纵观寰宇强者路

——世界贸易强国强在哪里

中国将继续向世界学习、向各国人民学习，学习人类创造的一切文明成果，推动中国和世界发展得更好。

——国家主席习近平在韩国国立首尔大学的演讲（2014年7月4日）

第②章 纵观寰宇强者路——世界贸易强国强在哪里

我们看到我国对外贸易取得巨大成就的同时，也要认清我国在贸易体制机制和贸易质量效益上与世界公认的美、日、德、英等贸易强国之间存在的差距。纵观世界范围内各强国的发展史，无论是曾经辉煌一时的西班牙、荷兰、英国等国，还是后来居上的德国、日本、美国等国，贸易强国战略均是它们优先发展的战略。15世纪末16世纪初，凭借其独特的地理优势和先进的航海技术，西班牙垄断了海上贸易。17世纪，荷兰大力奉行贸易扩张政策，一度成为世界金融中心。到18世纪，英国通过工业革命成为"世界工厂"、全球贸易中心及金融中心；1870年，英国的对外贸易量超过了法国、德国和意大利的总和。二战后，德国凭借坚实的制造业基础，夯实了其贸易强国地位，成为欧洲经济复苏的支柱；日本依靠明治维新以来的工业化战略由战败国迅速成长为贸易强国；而美国则依赖其综合国力主导了贸易秩序的重建，贸易规模自此长期稳居世界第一。[1]这些贸易强国崛起的原因、拥有的优势和条件各不相同，然而强大的贸易主体竞争能力、贸易地位掌控能力、贸易平台影响能力、贸易结构优化能力、贸易效益提升能力在助推它们成为贸易强国方面发挥了重要作用。深入分析贸易强国的发展战略，有助于找到可供参考和借鉴的经验。

一、强在贸易主体竞争能力

企业是一国参与国际贸易的主体，不同类型的企业均不同

1.张小锋：《"贸易强国"写入十九大报告意味着什么？》，载《国际贸易问题》，第2期，2018年2月15日。

程度地参与贸易活动，而参与程度最高的当属跨国公司。根据相关统计，目前2/3以上的国际贸易与跨国公司有关，在全世界有企业参与的研发活动中超过1/3来自全球最大的100家跨国公司，可见跨国公司已经成为国际贸易的重要组成部分。在知名市场研究机构Interbrand发布的2020年全球最佳品牌100强榜单中，美国企业占据49席，占据了近一半的席位，且大都集中在高科技领域和高精尖技术行业；日本企业占据7席，集中在电子、汽车等领域；而中国目前仅有华为一家公司上榜。我们需要借鉴美、日等国的经验，在未来大力培育本土优质跨国企业以提升其国际贸易地位。

（一）利用跨国公司扩大全球网络

美国是依托跨国公司的全球网络打造贸易强国的最具代表性的国家。二战后，美国跨国公司借助本国贸易政策的改善和自身强大的技术研发能力，开创了拓展海外投资和建立全球生产网络的先河，进而极大地扩大了贸易市场规模，美国的贸易强国建设由此开始。

20世纪50年代，美国跨国公司通过构建"资源＋生产"的全球网络，扩大了公司在全球的数量和投资规模，为贸易强国的建设奠定了基础。1950年，美国跨国公司在海外的分支机构有7417家；到1960年，全球对外直接投资流量至少有一半来自美国，美国企业对外直接投资累计金额更是高达328亿美元。

20世纪60年代，美国跨国公司通过构建"研发＋生产"的全球网络，充分利用美国在技术研发方面的优势地位，大力推动了贸易强国的建设进程。为了进一步扩大对外贸易的比较优势，美国开始逐步将研发等技术创新活动转移到海外分支机构。通过"研发＋生产"布局，跨国公司也改变了对外投资的产业，由最初的初级产业转向汽车、制药、化工等技术密集型产业。

20世纪70年代，美国跨国公司通过构建"销售＋生产"的全球网络，极大增加了产品销量和全球贸易份额，帮助美国完成贸易强国的建设。为了扩大国际市场份额，美国跨国公司加快在海外设立分支机构的脚步。到1977年，美国跨国公司的海外分支机构已达26884家，海外分支机构产值占跨国公司总产值份额达21%，海外分支机构销售额逐年增长，增长率达7.6%。

发展到21世纪，美国跨国公司在全球分布的范围最广，具有强大的经济实力。如谷歌、苹果、亚马逊等多家互联网公司以及福特、通用等汽车公司在跨国公司排行榜中名列前茅，这些公司营业收入高、科研实力及自主创新能力强，对美国的贸易强国建设作出了巨大的贡献。

（二）通过跨国公司扩大对外投资

通过跨国公司对外投资助推贸易强国建设，日本最具代表性。日本正是以这种方式巩固了其在亚洲贸易格局中的领导地位及全球贸易格局中的重要地位。

跨国公司通过扩大对外投资规模，为日本创造了更大的对外贸易优势和竞争力。20世纪50年代至60年代，日本跨国公司仅有4次主要对外投资，而且平均投资额仅55万美元左右。

到了20世纪60年代末，日本跨国公司对外投资规模飞速增长，对外投资额从1965年的9亿美元快速增加到了1970年的36亿美元。此后，跨国公司不断加快对外投资的脚步，对外投资规模的扩大在日本建设贸易强国进程中起到了重要的推动作用。尽管20世纪90年代初，受泡沫经济影响，日本跨国公司对外投资规模大幅缩小，贸易强国建设步伐也有所放缓，但情况很快得到改善，1993年日本跨国公司的对外投资规模增长由负转正，并将这股良好势头一直保持到90年代中后期，日本的贸易强国建设步伐也随之加快。

跨国公司通过调整对外投资领域、创立自主品牌、提升国际竞争力，帮助日本大大提升了它在全球贸易格局中的地位。20世纪中叶，日本跨国公司对外投资主要集中在矿业和商业领域。20世纪60年代，对外投资则主要集中在轻工业领域。到了20世纪70年代，日本开始转向重工业，尤其是汽车产业成了当时跨国公司对外投资的主要领域。随着世界范围内国际分工的不断深化，各国之间的贸易竞争日趋激烈。为顺应全球贸易发展潮流，提高自身在服务贸易领域的竞争力，自20世纪80年代后期，日本跨国公司逐渐增加对金融、保险等服务业的投资。至21世纪初，日本跨国公司基本形成了商业、金融业和制造业"三业并举"的对外投资格局，日本汽车制造业的表现尤其亮眼。以日本的丰田汽车公司为例，在2020年《财富》世界500强排行榜中，丰田汽车公司位居汽车行业第二，当年其全球汽车销量约为952.84万辆，超过德国大众汽车集团，重返世界首位，为日本对外贸易发展作出了卓越贡献。

<拓展阅读>

丰田汽车公司的跨国经营

丰田汽车公司由丰田喜一郎于1937年创立，曾在第二次世界大战期间蒙受惨重损失。二战后，丰田的发展举步维艰，终于在1947年1月成功试制出第一台小型轿车。此后丰田的业务开始步入正轨。

1984年，日本丰田和美国通用在美国加利福尼亚州宣布成立合资公司——新联合汽车制造公司（New United Motor Manufacturing, Inc.），丰田首次在海外大规模生产汽车。后续丰田复制这一合作生产模式，类似的合资企业逐渐在世界各地建成。在跨国经营中，丰田努力在产品研发、生产、销售等每一项活动中实现本地化，致力于为全世界提供有吸引力的高质量产品和服务。

* 丰田汽车公司展出的采用氢燃料电池驱动的柯斯达氢擎客车（新华社，记者方喆摄）

二、强在贸易地位掌控能力

美、日、德、英等贸易强国除了拥有具较强竞争力的贸易主体外，还对其贸易地位有很强的掌控能力。这种掌控能力一方面表现为贸易规模总量位居世界前列，另一方面表现为在国际分工中占据中心和主导地位。

（一）扩大规模提升水平

早在19世纪90年代，美国已成为全球第一大工业生产国，并一直维持世界第一的位置，直至2010年被中国超越。雄厚的工业实力为美国货物贸易和服务贸易的发展奠定了基础。1860年至1920年间，美国的货物出口额增长了25倍，进口额增长了16倍。二战结束后，美国依托强大的经济实力，推动对外贸易迅速增长，逐步确立全球经济和贸易霸权地位，贸易强国建设进入了新的阶段。世界贸易组织发布的2021年《世界贸易统计报告》显示，2020年世界货物贸易总额约为34.45万亿美元，其中美国的货物贸易总额约为3.84万亿美元，全球占比11.15%，排名世界第二。就服务贸易而言，自从在20世纪70年代开始逐步将制造业转移至国外后，美国开始进入"后工业化时代"，服务业在其经济、就业结构中所占比重越来越大。2000年美国服务贸易总额达5189.50亿美元，居世界首位。目前，美国仍是世界上最大的服务进出口国和服务贸易顺差国，其服务贸易顺差也在一定程度上抵消了巨额的货物贸易逆差，有力地巩固了美国的世界贸易强国地位。

2000—2020年美国服务贸易总体情况(单位:亿美元)

年份	进出口总额	出口总额	进口总额	进出口差额
2000	5189.50	2980.23	2209.27	770.96
2001	5060.74	2840.35	2220.39	619.96
2002	5215.39	2880.59	2334.80	545.79
2003	5500.80	2977.40	2523.40	454.00
2004	6351.45	3445.36	2906.09	539.27
2005	6907.12	3784.87	3122.25	662.62
2006	7724.15	4230.86	3493.29	737.57
2007	8811.28	4956.64	3854.64	1102.00
2008	9614.41	5407.91	4206.50	1201.41
2009	9299.99	5224.61	4075.38	1149.23
2010	10184.97	5820.41	4364.56	1455.85
2011	11028.53	6446.65	4581.88	1864.77
2012	11544.33	6848.23	4696.10	2152.13
2013	11851.49	7194.13	4657.36	2536.77
2014	12481.37	7570.51	4910.86	2659.65
2015	12668.73	7686.60	4982.13	2704.47
2016	12935.61	7809.44	5126.17	2683.27
2017	13809.47	8337.75	5471.72	2866.03
2018	14256.51	8617.25	5639.26	2977.99
2019	14674.16	8762.95	5911.21	2851.74
2020	11659.44	7056.43	4603.01	2453.42

* 数据来源:美国经济分析局

日本、英国和德国的货物贸易和服务贸易在全球范围内同样表现突出。1955年至1972年间,日本对外贸易平均增长16.5%,到1973年日本已经成为世界第三大贸易国。20世纪80年代以来,日本的服务业和服务贸易迅速发展。根据最新的《世界贸易统计报告》，2020年日本货物进口总额和出口总额分别为6350亿美元和6410亿美元，均位于全球第五；服务进口总额和出口总额分别为1830亿美元和1560亿美元，位列全球第七和第十。历史上英国和德国的贸易规模扩张也十分令人瞩目。英国作为工业革命的起源地，最早开始工业化进程，并大力发展对外贸易。第一次工业革命时期，英国对外贸易的年增长率从1750年至1780年的1.1%增加至1831年至1861年的4.5%，对外贸易的发展极大地推动了本国工业的发展。除传统商品贸易外，英国工业革命时期的服务贸易发展同样引领世界，如19世纪50年代电报机、电话等通信设备的发明促进了通信服务贸易的发展，而英国的金融服务贸易更是称雄于世界，至今伦敦仍是全球当仁不让的金融中心。2020年英国货物进口总额和出口总额分别为6350亿美元和4030亿美元，分列全球第四和第十二；服务进口总额和出口总额分别为2010亿美元和3390亿美元，位居全球第六和第二。从德国对外贸易发展进程看，德国对外贸易的增速一直远高于经济增速。20世纪90年代以来，德国整体经济虽然进入低增长阶段，但对外贸易持续高歌猛进，成为推动德国经济社会发展的重要引擎。截至2020年，德国货物进出口总额为2.55万亿美元，服务进出口总额为6120亿美元，均高居全球第三。

（二）主导国际分工地位

美、日、德、英等国不仅在贸易规模上彰显自身的贸易强国地位，还通过建立以自身为中心的国际分工模式，主导国际

第②章 → 纵观寰宇强者路——世界贸易强国强在哪里

贸易。肇始于18世纪60年代的第一次工业革命，开启了以机器制造替代手工劳动的时代，国际分工体现为工业国和农业国之间的产业间分工。英国首先完成工业革命，一跃成为当时国际分工的中心，垄断了国际贸易。如果说第一次工业革命时期，英国在国际分工中还处于一枝独秀的地位的话，那么19世纪后期发生的第二次工业革命，则让美国、德国、日本等少数发达国家也加入国际分工主导者的行列。在这个阶段，国际分工体系进一步丰富，除工业国和农业国之间的国际分工外，工业国与工业国之间的国际分工也开始形成，美国、德国和日本等资本主义国家也成为国际分工中心。它们之间相互依存、相互竞争，共同主导国际贸易秩序。从贸易形态上来说，这个时期的国际贸易主要是产业间贸易。

* 伦敦新金融城（新华社，记者曾毅摄）

第二次世界大战后，以原子能、计算机和空间技术的广泛应用为主要标志的第三次科技革命催生了一系列新兴产业，国际分工进入新阶段，产业内分工和产品内分工逐步取代了产业间分工，专业化分工和中间品贸易成为主流。通过专业化分工，产品价值链可以分割成研发、制造和营销等若干个独立的模块，每个模块都会置于全球范围内能够以最低成本完成生产的国家或地区，进而形成了多个国家参与产品价值链不同环节的国际分工体系。在这一体系中，美国作为超级大国凭借其强大的研发实力和领先的技术水平牢牢占据了产品附加值高的研发和营销环节，从而在国际分工中处于主导地位。一个较为典型的案例是美国苹果公司 iPhone 手机的生产：iPhone 手机虽然由美国出口，但是苹果公司主要负责手机的研发设计和市场营销，其零部件则是从德国、日本和韩国等多个国家采购，并在中国进行组装加工。显然研发和营销是 iPhone 手机生产销售的核心环节，主导着其他环节的发生和运作。

| 知识链接 |

产业间分工、产业内分工和产品内分工

产业间分工（inter-industry specialization）是指不同产业部门之间生产的专业化，主要是由要素价格和相对价格差异决定的国际分工。产业内分工（intra-industry specialization）是指在同一产业内产品的差异化分工和产品生产工序的分工，主要表现为同类产品、零部件生产和工艺过程的专业化分工。产品内分工（intra-product specialization）是指生产某一特定产品的不同工序、不同环节分散在不同的国家和地区进行,各个国家和地区专门从事产品价值链中特定环节的生产活动的国际分工现象。[1]

(三)制定国际贸易规则

贸易强国在国际贸易体制以及相应的经济合作体制中有较大影响力。现实中各国在国际贸易中既有竞争,更有彼此之间的相互合作。不同国家都有适合于本国企业参与国际竞争的战略需求,这必须通过构建国际经济体系来实现。合作对象从双边、区域到全球多边,合作范围从贸易延伸到投资、知识产权保护等,现代贸易强国都在这些国际合作中拥有话语权并发挥影响力。[2]众所周知,美国主导创立了二战后国际经济、贸易、金融体制,并在此后几十年牢牢掌控国际经贸规则的创设权和修订权。美国推动签署的作为多边贸易协定和机构框架的《关税及贸易总协定》,已成为世界贸易的基石。自20世纪70年代后期,随着双边和区域贸易规则的广泛兴起,美国在国际贸易规则制定中的话语权有所下降,但当下国际贸易的重要主导者仍然是美国。

三、强在贸易平台影响能力

作为经济活动的一种,国际贸易需要有为其进行服务的平台。贸易平台包括两方面的含义:一是指诸如展会平台、互联

---

1. 卢锋:《产品内分工》,载《经济学》(季刊),第4卷,第1期,2004年10月1日。
2. 戴翔、宋婕:《我国外贸转向高质量发展的内涵、路径及方略》,载《宏观质量研究》,第6卷,第3期,2018年9月28日。

网平台等提供信息发布、咨询服务以及便于买卖双方进行交易的综合性平台;二是指某一地理区域的国家为了谋求经济社会利益,促进生产要素流动而搭建的区域合作平台。贸易平台为一国参与国际贸易提供了便利。美、英、德、日等贸易强国均较为成功地打造或参与了不同类型的贸易平台,这些贸易平台都具有覆盖范围广、参与伙伴国多以及资源汇聚能力强等特点。

(一)利用广阔的展会平台

展会平台对一国的贸易强国建设具有十分重要的推动作用。一方面,高规格的展会平台能够吸引众多国家与会,展示各自最新的具有技术含量的产品,有助于促进技术交流,相互学习、取长补短;另一方面,展会平台也为东道国搭建了贸易的新渠道,有利于推动该国贸易市场多元化发展。在充分利用会展业的发展推动贸易强国建设方面,英国起步最早,也最具有代表性。1761年英国首次举办工业展览会,此次展会为期仅两周,但成功地推广了英国的工业技术和新产品,世界各国争相订购英国产品。在借鉴首届工业展览会成功经验的基础上,英国此后多次举办工业展览会,扩大了对外贸易规模,特别是新技术工业品的出口。

1851年英国成功举办了举世闻名的第一届世界博览会——万国工业博览会,这是世界历史上第一次大规模的国际性展览,参观人数超过600万人次。在这次博览会上,英国不仅展示了自身领先世界的工业产品,还邀请了欧、亚、美等大洲主要国家参会并展示各自的特色产品。当时英国齐聚了世界各国凝聚了最先进技术的产品,这也凸显了英国作为当时世界贸易中心的地位。

(二)借助区域合作平台

全球化和区域经济一体化是全球经济发展的主流,构建区域合作平台有助于一国加强与区域内各国之间的经济和贸易联系,获得更大的经济发展空间,对于贸易强国建设十分必要。20世纪50年代,德国的对外贸易在很大程度上依赖西欧其他国家。这种紧密的贸易伙伴关系,使德国在建设贸易强国时,选择西欧国家作为合作对象来共谋发展。二战后世界贸易格局发生了重大变化,德国渴望借用新的力量,在世界贸易格局中寻求新的平衡,为贸易强国建设争取更大的空间。在推动欧洲区域一体化的进程中,德国日渐成为一个贸易强国。欧洲区域一体化进程的第一步就是德国与法国的双边贸易合作,这也标志着德国迈出了贸易强国建设的第一步。两国的贸易合作聚焦于工业和制造业,从1952年到1961年的10年间,德国的钢产量增加了80.1%,铁产量增加了64.8%。到20世纪50年代末,德国的对外贸易已经恢复到二战前水平,出口贸易增速远超进口贸易增速,由此带来了巨大的贸易顺差。

20世纪末,以德国为代表的欧洲国家已经在全球贸易中占据显要位置,但此时美国在欧洲市场上仍然占有优势。因此,欧洲主要国家达成了共识:它们需要在更大范围内进行更深入的合作,充分利用欧洲各国的优质资源以建立一个更大体量的贸易共同体,同美国进行竞争。因此在借鉴以往与法国开展贸易的经验的基础上,德国更加积极地推动欧洲各国间的贸易合作。

建设 贸易 ⎯⎯⎯→ 强国

    1958年欧洲经济共同体成立，德国借此扩大自身出口规模，推动对外贸易发展，挤占了美国在欧洲市场的地位。德国作为欧洲经济共同体的主导者之一，也成了全球多边贸易体制的主导力量。在德国的大力推动下，欧洲国家间的合作进一步深化，1993年，欧洲联盟成立。欧盟最重要的决定之一是在各成员国内部统一货币体系，欧元自此诞生。统一的欧元体系进一步降低了德国对外贸易的交易成本，到1995年，德国进出口贸易总额位列世界第二，仅次于美国。另外，欧元的启动使德国的贸易顺差进一步扩大。1995年，德国57%的货物出口到了欧盟市场，与欧洲国家的贸易额占德国外贸总额的65%至70%。

＊欧盟成员国领导人在位于比利时布鲁塞尔的欧盟总部举行峰会（新华社，欧盟供图）

    可以看出，从欧共体到欧盟，区域合作推动了德国对外贸易的发展，在德国建设贸易强国的过程中起到了重要作用。

四、强在贸易结构优化能力

贸易结构代表一国经济和技术发展水平,反映了一国工业化程度和产业结构状况,是衡量一国国际贸易竞争力的重要指标。评价贸易结构是否科学合理,主要聚焦于两个方面:首先是在货物贸易方面,看工业制成品中劳动密集型产品与资本和技术密集型产品的比重;其次是在服务贸易方面,看高附加值服务贸易所占的比重。美、英、德、日等贸易强国的工业制成品技术含量普遍较高,高附加值服务业占比较大,贸易结构整体较为科学合理。

(一)增加高附加值工业产品出口

美、日、德、英等国家在推动贸易强国建设的过程中,根据国内产业结构调整趋势和国际贸易市场环境,及时调整了出口贸易结构。在出口的工业制成品中,美、日、德、英等国的化学制品、机械及运输设备类等高附加值产品的占比达60%以上,而劳动密集型工业制成品所占比重只有20%左右。相比之下,我国工业制成品的出口结构层次仍处于较低水平。目前我国出口的工业制成品虽然逐渐从劳动密集型向资本和技术密集型转变,但技术密集型产品的出口方式以加工贸易为主,本土企业主要从事加工、装配业务,拥有自主知识产权和品牌的出口产品份额较小。未来随着我国加工贸易比重的降低和一般贸易比重的上升,我国的工业制成品出口结构有望得到进一步优化。

(二)增加高附加值服务出口

随着全球经济一体化的发展,服务出口在国际贸易中扮演着越来越重要的角色。近年来我国服务贸易快速增长,但不管在"量"上还是在"质"上,与贸易强国之间依然存在差距。目前全球服务贸易主要集中在金融、保险、咨询、邮电等技术和知识密集型行业,高附加值服务的出口比重在不断增加,而运输、旅游等传统行业的服务出口比重则在不断下降。美国的服务出口额一直稳居世界第一,2020年知识产权使用费出口额占服务出口总额的比重就达到了16.12%。这主要是由于贸易强国的企业科技水平高、研发支出大、自主品牌多,在国际分工中处于价值链的顶端。

<拓展阅读>

美国通过调整出口贸易结构助推贸易强国建设

20世纪50年代,农产品出口贸易占据美国出口贸易的主要部分。当时除美国以外的其他国家大多处于二战后的恢复期,所生产的农产品难以满足国民基本需求,更无富余产品可供出口,而需要通过进口来弥补国内农产品的短缺,这就为美国农产品出口贸易提供了巨大机遇。

20世纪60年代,全球贸易见证了重大的转变,工业品已经代替农产品成为发达国家的主要出口商品。在此种情形下,凭借制造业的巨大优势,美国大力发展制造业出口贸易,成为当时全球第一大制造业出口国。1965年美国制成品出口额为255亿美元,比当时另一个制成品出口大国德国高出28%。美国在制造业出口贸易上的压倒性优势,有力地推动了美国的贸易强国建设。

20世纪70年代,美国逐渐丧失了制造业出口贸易的有利地位，贸易顺差减少并转而出现贸易逆差，美国的产业结构经历了从以制造业为主向以服务业为主的转变。1969年至1979年间，美国制造业的就业率由25.1%下降到21.1%；与此同时，服务业就业率由64.5%增加至69.1%。不仅如此，在这一时期美国实际创造的2500万个新工作岗位中，近95%来自服务业。由此可见，服务业在美国国民生产中发挥着越来越重要的作用，服务贸易已经成为美国贸易强国建设的主力军。1973年，美国服务出口额占世界总出口额的14.6%，居世界首位。此后，美国服务贸易出口额一直保持全球领先地位，且服务贸易长期维持顺差的状态。

五、强在贸易效益提升能力

贸易效益是一国从事国际贸易所获得的综合收益，包括经济效益、社会效益和环境效益等。贸易强国有较强的提升贸易的经济效益、社会效益和环境效益的能力，这既体现在贸易对其经济增长和社会发展的较高贡献，也表现为贸易的环境保护效应不断扩大、贸易发展的可持续性不断增强。对外贸易依存度和贸易的能源消耗程度是反映一国贸易效益的重要指标，美、日、德、英等贸易强国通过保持适当的对外贸易依存度和发展绿色产业提升贸易效益，推动贸易健康发展。

（一）保持适当的外贸依存度

一国的资源越富足，就越容易实现自足。相比于大国，小国的市场较小,为了使经济持续发展,必须更加依赖于对外贸易。而大国拥有经济发展所需的国内市场和资源,内需同样是经济增长的重要推动力,因此对外贸易依存度需要同大国经济发展的总体需求相协调。

英国在第一次工业革命后成为世界贸易的中心,在第二次工业革命后完成了贸易强国建设。这一时期,英国对外贸易依存度呈现先迅速增加、后保持稳定水平的趋势。20世纪60年代,日本经济开始复苏,贸易强国建设逐步推进,此时日本对外贸易依存度从10%左右快速增加到20%左右,且在70年代继续上升至25%左右。20世纪80年代后期,日本对外贸易依存度开始下降,进入21世纪后又重新上升并稳定在25%左右的水平。

可以看出,在建设贸易强国的过程中,并非要一味追求对外贸易依存度的增加,而是应动态调整对外贸易依存度,充分发挥对外贸易对国家发展的促进作用。

(二)发展绿色产业

随着贸易规模的不断扩大,能源消耗量的持续增加将导致严重的环境污染问题。为了缓解贸易发展对环境造成的压力,美、英、德、日等国纷纷发展绿色产业,提升贸易的环境效益。例如,自20世纪80年代以来,美、日等国便开始研发"绿色汽车",依靠电力和新能源作为驱动力的汽车已经开始进入量产阶段,同时还生产出净化传统汽车尾气的装置,掀起了一场绿色产业革命。这一举措不仅有利于保护环境,还为这些国家带去了可观的经济效益。

此外，为了改善传统农业生产方式污染环境的状况，绿色食品产业也开始成为贸易强国的新兴产业。美、英、德、日等国在国际农产品贸易中经常设立一定的"绿色贸易壁垒"，对食品的绿色标准进行规定，这些壁垒一方面的确增加了出口国的贸易成本，但另一方面，绿色食品满足了居民对健康安全产品的需求，因而需求量可观，厂商相应地扩大绿色食品供给，既增加了利润，又能促进贸易环境效益显著提升。

第 3 章

打开国门搞建设

——建设贸易强国的历史方位

中国将坚定不移奉行互利共赢的开放战略，实行高水平的贸易和投资自由化便利化政策，推动形成陆海内外联动、东西双向互济的开放格局。中国将始终是全球共同开放的重要推动者，中国将始终是世界经济增长的稳定动力源，中国将始终是各国拓展商机的活力大市场，中国将始终是全球治理改革的积极贡献者！

——国家主席习近平在首届中国国际进口博览会开幕式上的主旨演讲（2018年11月5日）

第③章 → 打开国门搞建设——建设贸易强国的历史方位

新中国成立以来，我国实现了从封闭半封闭经济到全方位开放的伟大历史转折。当前，随着我国经济进入由高速增长转变为中高速增长的新阶段，面对愈演愈烈的逆全球化浪潮，以及国际社会对中国是否会继续坚持对外开放的担忧，习近平总书记在党的十九大报告中指出，中国坚持对外开放的基本国策，坚持打开国门搞建设。随后，国家主席习近平在博鳌亚洲论坛2018年年会开幕式上的主旨演讲中表示，"中国开放的大门不会关闭，只会越开越大"，并在第三届中国国际进口博览会开幕式上的主旨演讲中进一步强调："中国将秉持开放、合作、团结、共赢的信念，坚定不移全面扩大开放，将更有效率地实现内外市场联通、要素资源共享，让中国市场成为世界的市场、共享的市场、大家的市场，为国际社会注入更多正能量。"这为新时期我国贸易强国建设指明了新的历史方向，擘画了新的蓝图。回顾历史，找准定位，是为了更好地出发。

一、中国已经成为世界贸易大国：历史成就

我国对外贸易经历了从无到有、从有到多的发展过程，特别是改革开放以来，对外贸易格局和面貌都发生了翻天覆地的变化。目前，我国已经成为世界贸易大国，在各方面均取得了辉煌的成就。

（一）贸易规模数量飞跃发展

1978年我国实行"对内搞活，对外开放"的政策之前，对外贸易规模只有206.4亿美元，占全球贸易总额的比重不到

1%，名列世界第34，远远落后于美国、日本和欧洲等发达国家和地区。改革开放以后，随着外贸管理体制改革和对外开放水平提升，我国对外贸易迅速发展。从1978年至2020年，我国对外贸易保持了年均13.77%的高速增长，远高于同时期全球对外贸易6.58%的平均增速。

（二）贸易结构不断优化

新中国成立初期，我国进口的产品主要是生产资料，来自国家统计局的资料显示，1953年至1978年生产资料进口额占进口总额的比重约为80%；而出口产品主要是农副产品，约占出口总额的70%。改革开放后，我国承接国际产业转移，明显加快了工业化进程。1981年，工业制成品出口额比重首次超过初级产品，达到53.43%。此后，我国出口产品中工业制成品的比重逐年升高，1993年首次超过80%，2001年更是超过90%。从2001年开始，工业制成品在我国出口产品中的占比均超过90%，尤其是2005年以后，工业制成品出口比重长期保持在94%以上。与出口不同，我国进口工业制成品的比重经历了先升高后下降的过程。1980年，进口工业制成品的比重达65.23%，此后该比重不断升高，一直到1993年86.33%的历史峰值。自那以后，该比重逐渐降低，到2020年约为66.75%。我国进口工业制成品比重逐渐下降的原因在于国内工业生产能力提升，很多以前需要进口的工业品逐渐由本土企业提供。同时，国内生产规模迅速扩张，致使我国对铁矿石、铜矿石、矿物油等非农初级产品的需求加大。

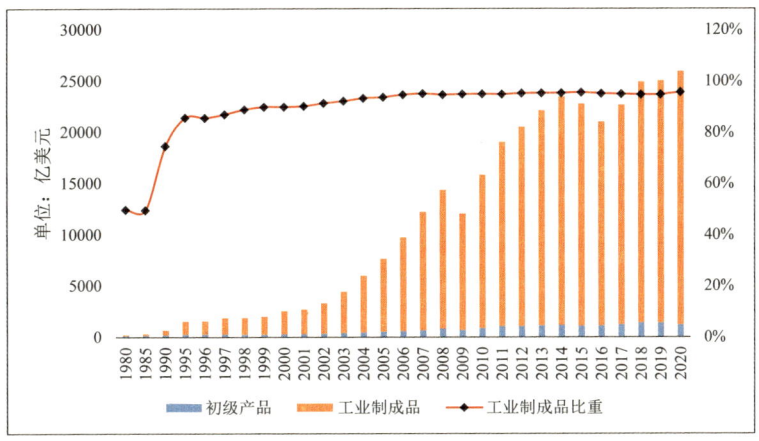

* 1980—2020年我国出口商品结构变动情况。数据来源：中华人民共和国国家统计局

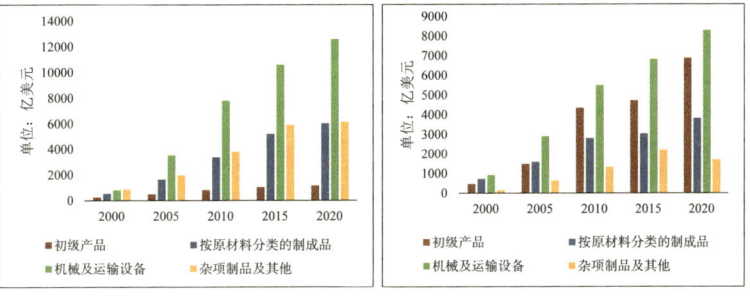

* 2000-2020年我国出口商品构成 　　* 2000-2020年我国进口商品构成[1]
数据来源：中华人民共和国国家统计局

而在所有进出口商品中，高科技产品由于具有较高的技术含量、良好的经济效益和广阔的市场前景，其贸易份额是衡量一国经济实力、科技实力和国际竞争力的重要指标。2020年，我国

1.所有进出口商品的分类标准是国际贸易标准分类（SITC），其中，食品及主要供食用的活动物、饮料及烟类、非食用原料、矿物燃料、润滑油及有关原料和动、植物油脂及蜡属于初级产品；化学品及有关产品、按原料分类的制成品、机械及运输设备、杂项制品和未分类的其他商品属于工业制成品。

高新技术产品进出口总额达14589亿美元，相较于2019年增长了904亿美元。其中，出口额7767亿美元，同比增长6.28%；进口额6822亿美元，同比增长6.99%。就具体的产品而言，计算机及其零部件是我国出口高新技术产品中的主力军，2020年累计出口2110亿美元，占高新技术产品出口总额的27.17%；其余则依次为手机、集成电路、音视频设备及其零件和液晶显示板，所占比重依次为16.16%、15.01%、7.04%和2.55%。而从国家间的横向比较来看，我国在高科技产品出口上具有较大优势。来自世界银行的数据显示，2020年，中国高科技产品出口额达7576.83亿美元，位居世界第一，占排名前十的国家和地区出口总额的35.58%。

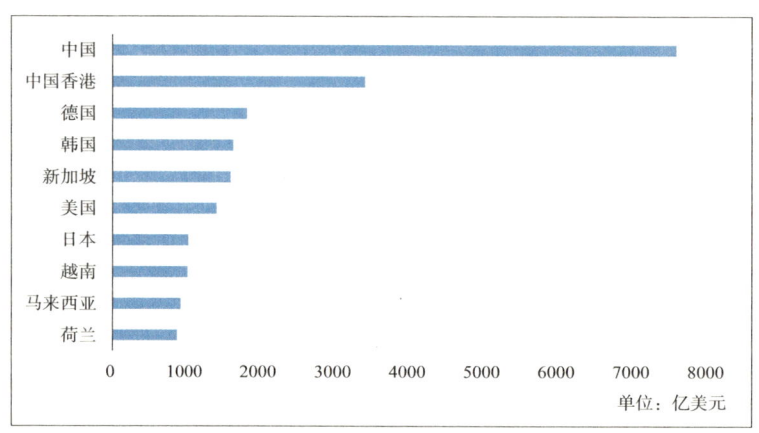

* 2020年高科技产品出口金额排名前十的国家和地区。数据来源：世界银行

（三）成为第一大货物贸易大国

货物贸易的增长在我国对外贸易发展过程中尤其引人瞩目。从1978年至2020年，我国货物进出口总额增长906倍，

年均增速17.6%，高出同期全球货物贸易平均增速10.6个百分点。2001年，加入WTO为我国货物贸易发展带来了新的历史机遇。2004年我国货物进出口规模突破1万亿美元，2007年、2011年分别突破2万亿美元和3万亿美元，2013年再突破4万亿美元，2018年更是达到4.62万亿美元，以人民币计价首次突破30万亿元。尤其值得关注的是，2013年我国货物进出口总额首次超越美国，跃居世界第一，并在2014年、2015年继续保持这一地位。2016年，受国际市场大宗商品价格下跌及汇率波动等一些短期市场因素影响，我国的货物进出口总额暂时被美国反超，但在2017年就迅速恢复，重新成为世界第一大货物贸易大国。中国成为全球最为重要的货物贸易大国已是不争的事实。[1]

2000—2020年我国货物进出口总额的全球排名及占比

年份	排名	占比	年份	排名	占比
2000	8	3.62%	2011	2	9.90%
2001	6	4.04%	2012	2	10.40%
2002	6	4.72%	2013	1	10.96%
2003	4	5.54%	2014	1	11.30%
2004	3	6.18%	2015	1	11.87%
2005	3	6.68%	2016	2	11.43%
2006	3	7.19%	2017	1	11.50%
2007	3	7.69%	2018	1	11.74%
2008	3	7.85%	2019	1	11.95%

---

1. 余振、王净宇：《中国对外贸易发展70年的回顾与展望》，载《南开学报》（哲学社会科学版），第4期，2019年7月20日。

续表

年份	排名	占比	年份	排名	占比
2009	2	8.73%	2020	1	13.13%
2010	2	9.67%			

* 数据来源：世界贸易组织

（四）贸易伙伴遍布世界各地

新中国诞生之初，我国主要与苏联等社会主义国家开展贸易，贸易伙伴的构成比较单一。例如，1955年与苏联之间的进出口贸易占据了我国整体外贸的57%。从20世纪60年代开始，我国逐渐增加与西方资本主义国家之间的贸易往来。然而，直到1978年，我国的贸易伙伴国也仅有40余个，增加的贸易对象十分有限。改革开放后，随着全方位协调发展的国别地区政策的实施，我国同世界多个国家和地区广泛开展贸易，进出口市场在地理分布上日趋多元。[1] 即使受新冠肺炎疫情的影响，2020年全球贸易遭遇了严重冲击，我国依然保持美国、欧盟、日本、印度等120多个国家和经济体最大贸易伙伴的地位。2020年，我国与亚洲国家的贸易总额在我国外贸总额中占比最高，达51.3%；与欧洲国家、北美洲国家的贸易往来占比也非常可观，分别为19.5%和14.0%。不容忽视的是，除地缘相近的亚洲国家外，我国的主要贸易伙伴中发达国家依然占绝大多数。2020年，东盟首次以6845.99亿美元的进出口额成为我国第一大贸易伙伴，而欧盟、美国则分别以6495.29亿美元、

---

1. 余振、王净宇：《中国对外贸易发展70年的回顾与展望》，载《南开学报》（哲学社会科学版），第4期，2019年7月20日。

5867.21亿美元,分别为我国第二、第三大贸易伙伴。

(五)多种产品出口规模领跑全球

随着我国贸易规模快速扩大,贸易总量不断攀升,"made in China"遍布全球,展现出世界第一大货物贸易大国的强大实力。2021年德国机械设备制造业联合会(VDMA)的一份研究报告显示,2020年中国机械设备出口额首次超过德国,居世界首位,出口金额达到1650亿欧元,而德国以1620亿欧元排名第二,美国、日本紧随其后。众所周知,机械设备种类繁多,包括机床工具、内燃机、空调制冷设备、工程机械、重型机械、采矿设备、农业机械、环保设备、印刷机械等,体现了一个国家在制造领域的整体实力。除此以外,在化工、电子、纺织、运输设备等类别的工业制成品出口方面,我国的全球竞

＊孟加拉国首都达卡举行的"5G新纪元"活动展台(新华社)

争力也快速提升。以汽车产业为例,加入WTO以后,我国汽车产业迎来难得的发展机遇,激烈的市场竞争也推动国产汽车品牌快速发展和崛起。目前,我国是全球第一大汽车市场,且国产自主品牌汽车的全球市场占有率不断提高。根据中国汽车工业协会公布的数据,2020年,我国汽车全年产量2522.5万辆,连续10年排名全球第一;汽车销量达2531.1万辆,连续12年居于世界首位。

(六)主动扩大进口彰显大国担当

国家主席习近平在博鳌亚洲论坛2018年年会开幕式上的主旨演讲中指出:"内需是中国经济发展的基本动力,也是满足人民日益增长的美好生活需要的必然要求。中国不以追求贸易顺差为目标,真诚希望扩大进口,促进经常项目收支平衡。"从中国进出口商品交易会(即广交会)到中国国际进口博览会,从积极扩大出口到主动扩大进口,表明中国与世界经济关系进入了重新调整的关键时期,是我国进一步扩大开放的重要标志。

改革开放以来,尤其是2001年"入世"以后,我国实施的出口导向型战略对外贸高速发展起到了巨大的推动作用,但也引发了进出口失衡、贸易方式单一、贸易主体结构不平衡等诸多问题。同时,劳动力成本上升,资源环境约束增大,也使我国长期依靠的以规模速度为基础的粗放型经济增长方式难以为继。因此,主动扩大进口,不仅助力我国实现对外贸易平衡发展,更是推动新常态下我国经济由高速增长转变为高质量增长的重要战略选择。随着我国经济高速发展和居民收入水平不断提高,尤其是中等收入群体规模迅速扩大,我国的需求结构

第 ③ 章　→ 打开国门搞建设——建设贸易强国的历史方位

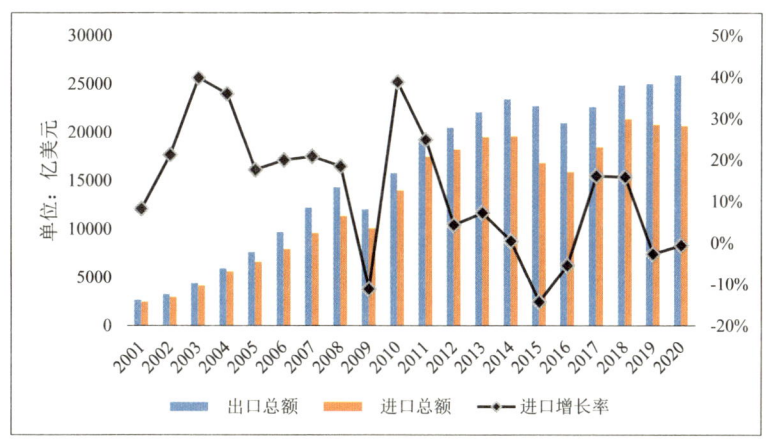

* "入世"以后我国货物贸易结构的变动情况。数据来源：中华人民共和国国家统计局

和消费特点已发生了实质性转变。从宏观角度看，消费者的消费选择从中低端迈向高端；从微观角度看，衣物、食品等生活必需品的消费支出占比不断下降，服务性消费支出比例持续上升。为实现从"满足人民日益增长的物质文化需要"到"满足人民日益增长的美好生活需要"的转变，需要通过主动扩大进口，以满足人们对多样化、个性化、高品质的生活配置的需求。事实上，近年来我国经济发展的实践表明主动扩大进口已取得重大成果。在新冠肺炎疫情的冲击下，我国货物进口依然在2020年达到20659.6亿美元，较2017年增长12.05%，年均增长率达到3.87%。此外，我国在全球进口贸易中所承担的角色也越来越重要。2017年我国货物进口额在全球进口贸易总额中占10.25%，此后该比重不断上升，到2020年已经达到11.59%。新冠肺炎疫情暴发后，我国也是货物进口贸易率先恢复增长的国家。

（七）"引进来"与"走出去"快速发展

对外贸易快速发展的同时，我国的双边投资也取得了巨大突破。自1980年我国第一家中外合资公司成立以来，越来越多的外国企业家在中国投资。商务部公布的数据显示，2020年，我国新设外商投资企业38570家，平均每天新设立100多家，全年实际利用外资9999.8亿元人民币，同比增长6.2%。外资的进入在促进我国经济增长和产业成熟方面发挥了重要作用。另外，随着资本双向流动不断增强，我国在"引进来"的同时，也逐渐加大"走出去"的步伐。20世纪50年代至70年代，我国的技术、资本、设备和劳务的输出主要依赖对外援助和对外经济合作。经济发展滞后，造成国家储备能力薄弱、外汇和资金长期短缺等问题。直到1990年以后，利用外资来填补发展中国家存在的储蓄缺口和外汇缺口的问题逐渐得以缓解，处于国际资本流动中的中国才发生了显著变化，逐渐成为资本双向流动的国家。[1]我国对外直接投资尽管历史较短，但在诸多鼓励措施的推动下增长迅速。2015年，我国对外投直接投资达到1456.7亿美元，首次超过吸引外资额。2020年我国对外直接投资1537.1亿美元，流量规模首次跃居全球第一。2020年我国双向投资基本持平，"引进来"和"走出去"同步发展。

（八）全球治理能力显著增强

独立自主、自力更生是我国发展对外经济关系必须坚持的

---

[1] 杨丹辉：《新中国70年对外贸易的成就、经验及影响》，载《经济纵横》，第8期，2019年8月10日。

第 ③ 章 → 打开国门搞建设——建设贸易强国的历史方位

基本原则。新中国成立后相当长一段时间内，通过大规模对外援助，我国在广大发展中国家中树立了社会主义慷慨大国的形象。然而，由于西方国家的经济封锁和制裁，我国在国际经济事务协调中发挥的作用有限。[1] 改革开放以来，我国在全球经济治理体系中日益活跃。1986年7月，中国政府正式提出申请，要求恢复我国在关贸总协定中的缔约国地位，反映了我国积极参与全球经济治理和国际贸易规则制定的强烈诉求。然而，由于当时缺乏经验和战略知识，以及少数缔约国对中国提出了不合理的要求，导致我国的"复关"及"入世"谈判一波三折。直到2001年12月11日，我国才正式加入WTO，成为世界贸易组织第143个成员。此后，随着综合国力和国际地位的提高，我国在国际经济事务中肩负的责任越来越重，处理各类国际经济纠纷的方法也越来越成熟，机制建设的情况也在不断改善。除了坚决维护WTO所倡导的多边贸易体系，我国也在适应区域经济一体化发展趋势，积极推进自由贸易区战略。截至2021年2月，我国已经和30个国家和地区签署了20个自由贸易协定及优惠贸易安排。党的十八大以来，中共中央加强高层设计，相继提出了"一带一路"倡议和构建人类命运共同体的理念。此外，我国在二十国集团（G20）、亚太经济合作组织（APEC）等国际舞台上提出了更多的合作构想和更宏伟的蓝图，贡献了中国智慧。比如，G20中既引入了"和而不同"的中国智慧，又引入了共商、共享、共建的原则；既引入了平等、

---

1. 杨丹辉：《新中国70年对外贸易的成就、经验及影响》，载《经济纵横》，第8期，2019年8月10日。

开放、合作、共享的中国治理观，又进一步完善现有的基于西方规则的国际秩序和规则体系。[1]"一带一路"建设推动全球经济向包容普惠方向发展，所倡导的利益共商、共享、共建原则有助于构建优势互补、合作互动、互利共赢的人类命运共同体。

（九）全方位开放格局业已形成

1978年之前对外开放在我国尚未形成体系化的制度设计。实行改革开放以后，我国根据国情采取了分阶段、按次序、有节奏的渐进式开放模式。在开放区域方面，鉴于各地区资源禀赋和地理条件的差异，我国按照整体推进、局部重点突破的方式，率先选取有突出区位优势的经济特区和特殊经济区作为开放的"先行者"，积累经验后再向沿海、沿江、沿边、内陆其他城市推进，最终形成由东向西、由南向北的全方位开放格局。[2]在开放领域方面，我国对外开放经历了由商品贸易向投资和服务贸易推进，开放领域不断拓宽加深的进程。尤其是在服务贸易领域，以旅游、运输等传统服务业的贸易为基础，保险、金融、计算机和信息服务、通信等新兴服务业的贸易已发展为我国对外贸易的重要组成部分。在对外贸易区域建设上，1978年至2013年期间，我国在开放地区设立形式多样的贸易区域，如边境经济合作区、高新技术加工区、保税区、出口加工区等，并实行特殊的贸易优惠

---

1. 张燕生：《新时代要提高中国参与全球经济治理的能力》，载《光明日报》，2017年10月26日。
2. 史本叶、马晓丽：《中国特色对外开放道路研究——中国对外开放40年回顾与展望》，载《学习与探索》，第10期，2018年10月7日。

政策。2013年以后，我国加快了自由贸易试验区的建设，从上海自贸试验区开始，我国已先后设立了21个自贸试验区，实现了沿海省份自贸试验区的全覆盖。《中国自由贸易试验区发展报告（2021）》显示，自贸试验区在提升我国开放水平、推进制度创新、实现产业高质量发展和服务国家战略等方面发挥了重要作用。

二、中国如何成为世界贸易大国：历史经验

我们在看到新中国对外贸易发展成就的同时，还要冷静分析和总结这一路走来所积累的历史经验。以史为鉴，才能更好地找准贸易强国建设的前进方向和路径。

（一）制度支持释放改革红利

充分利用国内国际两个市场、两种资源，我国凭借对外开放获取的增量效应有效舒缓了经济转轨和体制改革过程中的震荡和冲击。更加可喜的是，改革开放以来，我国对外开放政策保持了连续性和稳定性，这在很大程度上得益于"以开放促改革促发展"的制度红利不断积累和释放，使得对外开放的"路径锁定"效应逐步被巩固和强化。面对20世纪90年代末的亚洲金融危机、2008年的全球金融危机、2018年开始的中美贸易争端和2019年末暴发的新冠肺炎疫情的严重冲击，我国始终坚持对外开放的基本国策，从未动摇，反而以更加坚定的决心和更加有力的举措主动化解矛盾和风险。事实表明，我国现行的开放模式不仅符合我国开放的初始条件和目标方向，也提

供了一个鲜活的和颇具价值的"中国式开放样本",对于全世界,尤其是广大发展中国家具有十分重要的借鉴意义。[1] 改革开放40余年的发展实践表明,我国在深刻总结封闭发展的历史教训的基础上,尊重并科学把握经济社会及要素流动的基本规律,沿着全球化的发展方向,在对外开放和对内改革过程中始终坚持市场化、法治化和国际化原则,实现"改革"和"开放"的良性互动、相互促进,并循序渐进地推动经济体制与国际接轨。

（二）审时度势调整外贸战略

根据国内外经济形势及时、准确地调整国家对外贸易战略,也是我国发展成为贸易大国的重要保证。由于我国出口市场长期集中在美、日、欧和东南亚等国家和地区,为了减少过度依赖某些市场所带来的风险,我国于"八五"时期提出出口市场多元化战略,要求根据国际政治经济形势变化,充分发挥优势,有重点、有计划地逐步打造出口市场合理多元化的总体格局；在深度开发发达国家传统市场的基础上,稳定和扩大东南亚市场,并积极开拓非洲和拉丁美洲等新兴市场。在该战略思想的指导下,我国对外贸易快速增长。然而,这种快速增长主要体现在数量和规模上,产品质量问题却是我国对外贸易发展过程中的顽疾,质量不稳定、包装不规范、国外客商投诉率偏高等问题时有发生。针对这些问题,1991年,当时的对外

---

1. 杨丹辉：《新中国70年对外贸易的成就、经验及影响》,载《经济纵横》,第8期,2019年8月10日。

第③章 → 打开国门搞建设——建设贸易强国的历史方位

经济贸易部提出以质取胜的外贸发展战略，要求提高出口商品的质量和信誉，进一步优化出口商品结构，加大高技术含量、高附加值产品和大型成套设备的出口比重，培育出口产品品牌，树立出口企业在海外的声誉。同时，为了与社会主义市场经济制度相适应，我国在1992年正式提出实施"大经贸"战略，要求各地区、各类企业发挥各自的优势，大力推进外贸、外经、外资工作的结合，推进经、贸、工（农、技、商）的结合，开拓多元化国际市场，促进我国对外贸易协调、稳定、持续地发展。[1] 随着科技进步在社会经济发展过程中的作用和地位越来越突出，党的十四届五中全会提出把科教兴国战略列为必须贯彻的重要方针之一；相应地，原对外贸易经济合作部在1999年初提出了科技兴贸战略，旨在用高新技术改造传统出口产业，提高出口产品的技术含量和附加值，促进我国从贸易大国向贸易强国转变。

2008年金融危机大大冲击了我国以增加劳动力、土地、资源等要素投入来推动贸易快速增长的发展模式。一方面，全球经济增速整体放缓，主要经济体经济疲软且缺乏经济增长新动能，逆全球化趋势逐渐兴起，单边主义、民族主义、贸易保护主义不断以新的形式出现，全球经济整体形势变得更加复杂和严峻；另一方面，高污染、高能耗、低产出的粗放型经济增长方式在推动经济高速增长的同时，也给我国的生态环境和资源能源使用造成了巨大压力，再加上人口红利消退、生产要素

---

1. 朱敏才：《实施多元化大经贸战略》，载《中国企业家》，第12期，1993年12月3日。

价格上涨等不利因素的影响，传统经济增长方式难以继续。在此背景下，党的十九大报告作出了"我国经济已由高速增长阶段转向高质量发展阶段"的科学判断。[1] 为了适应高质量发展的要求，中国政府从2012年开始就提出要积极扩大进口，并颁布了一系列政策和指导意见，其意就是要增强进口在我国经济发展中的作用。2018年11月在上海举办的第一届中国国际进口商品博览会，正是我国践行"积极主动扩大进口"的重大创举。在首届进博会开幕式的主旨演讲中，国家主席习近平指出，中国将通过"激发进口潜力"、"持续放宽市场准入"、"营造国际一流营商环境"等举措进一步加大开放力度。此外，当今世界正面临百年未有之大变局，而新冠肺炎疫情使这一变局加速推进，挑战与机遇并存。面对新的发展形势和环境，2020年4月10日，习近平总书记在中央财经委员会第七次会议上强调要构建以国内大循环为主体、国内国际双循环相互促进的新发展格局。不久后，中共中央政治局常委会会议于2020年5月14日提出"深化供给侧结构性改革，充分发挥我国超大规模市场优势和内需潜力，构建国内国际双循环相互促进的新发展格局"。"双循环"新发展格局旨在有机统筹国内国际两个大局、两个市场、两种资源，为我国经济发展提供相对良好的外部环境，降低外部冲击带来的负面影响；同时，通过充分发挥我国超大规模市场优势和内需潜力，激发国内市场主体的创新

---

1. 戴翔：《主动扩大进口：高质量发展的推进机制及实现路径》，载《宏观质量研究》，第7卷，第1期，2019年3月28日。

第 ③ 章　→ 打开国门搞建设——建设贸易强国的历史方位

活力，提高国内经济运行效率。[1]

（三）深度融入全球贸易体系

2001年12月11日，中国代表团团长石广生在卡塔尔首都多哈签署了中国加入世界贸易组织的议定书，这是我国深度参与经济全球化的里程碑，也标志着我国改革开放进入历史新阶段。"入世"以后，我国对外贸易面临的不确定性大大降低，贸易规模急剧攀升。

* 中国代表团在多哈签署中国"入世"议定书（新华社）

以加入WTO为契机，我国在促进贸易平衡发展、提高贸易便利化水平、大幅放宽外商准入、加快实施自贸区建设等方

---

1. 汪发元：《构建"双循环"新发展格局的关键议题与路径选择》，载《改革》，第7期，2021年7月15日。

面进行了改革和创新。以提高贸易便利化水平为例,海关总署推行的进出口"提前申报"制度大幅压缩了外贸企业的通关准备时间,同时在全国范围内逐步开展的关税保证保险,既减轻了企业的负担,也有效缩短了通关时间。[1]与此同时,我国大幅度推进口岸治理体系现代化建设进程,截至2020年7月,已经实现中国国际贸易"单一窗口"与25个口岸管理相关部门对接,基本实现了企业一点接入、一次提交、一次查验、一键跟踪、一站办理。此外,"入世"在推动我国贸易高速发展的同时,也为国内产业结构调整和优化注入了新鲜活力。进口关税大幅下降为制造业发展提供了大量优质的技术、设备和原材料,而最惠国待遇则为我国制造业出口创造了广阔的世界市场。不仅如此,对外贸易配套服务不断完善,推动了第三产业的迅速崛起。对外贸易的快速发展虽然让国内企业直面国际竞争,部分产业遇到了暂时的困难,但大量中国企业乘势而上,大力推进产业结构调整,积极参与全球价值链,国际竞争力明显提升。[2]

<拓展阅读>

让历史铭记——中国"复关"与"入世"谈判15年

我国加入世界贸易组织之艰难是史无前例的,自1986年提交恢复关贸总协定(GATT,世界贸易组织前身)缔约国地位的申请到2001年正式加入世界贸易组

1.顾阳:《全国海关聚焦企业关切——不断提升跨境贸易便利化水平》,载《经济日报》,2019年5月5日。
2.余振、王净宇:《中国对外贸易发展70年的回顾与展望》,载《南开学报》(哲学社会科学版),第7期,2019年7月20日。

织，整整经历了15个春秋。我国加入世界贸易组织不单单是经贸问题，更是中美之间的政治博弈——谈判受到极大的政治阻力。在15年的谈判中，我国换了4届代表团团长，欧盟和美国的首席谈判代表也分别换了4位和5位，谈判过程中关贸总协定也被更具全球性的世界贸易组织替代。在整个谈判过程中，中美经历了25轮谈判，中欧进行了15轮谈判，谈判的复杂艰巨远超预期。我国的"复关"与"入世"谈判共分为三个阶段：预备阶段、经贸体制审议阶段、实质性谈判阶段。首先，改革开放后，我国计划经济体制逐步被市场经济体制取代，我国开始准备"复关"事宜，并于1986年7月提交申请。其次，1987年至1992年，关贸总协定审核我国的经济贸易体制，确定中国是走计划经济还是市场经济道路，在我国坚定市场经济道路后谈判进入实质性阶段。最后，1992年至2001年我国就市场准入问题进行了一系列谈判，先后同匈牙利、欧盟、美国、墨西哥等国家和经济体达成协议。经历山重水复、波澜起伏后，我国最终于2001年12月11日正式加入世界贸易组织。

（四）参与全球治理规则制定

在现行的国际治理体系中，主要是发达国家和发达经济体起主导作用。但随着世界多极化和经济全球化不断发展，新兴国家和广大发展中国家快速崛起，要求改变现有的国际规则、更多体现发展中国家利益的诉求愈加强烈。作为世界上最大的发展中国家，我国为了维护自身在世界经济贸易活动中的正当利益，在建设贸易强国的过程中，主动参与全球治理，并努力提高国际经济和贸易规则制定过程中的决策权和话语权。近年来，我国参与多边经济机制和全球治理的程度显著提高。例如，习近平总书记在多个场合倡导构建人类命运共同体，为新时代的全球治理体系提供了基本框架。这一新理念为促进世界均衡、包容发展提供了思路，而亚洲基础设施投资银行、金砖国家新开发银行和"一带一路"倡议等"中国方案"的提出则是这一思路的具体体现。改革开放40余年的实践表明，我国通过充分参与多边经贸治理，积极参与多边多领域和区域自由贸易谈判，不断提高参与和引领国际经贸规则制定的能力，拓展了本国企业和行业组织参与制定国际标准和规范的范围和深度，最大限度地分享了制度性红利和经济全球化发展成果。[1]

（五）资源优势提供发展动能

新中国成立后，在较为宽松的生育政策推动下，再加上生活条件和医疗技术水平的迅速提高，我国在短时期内积累了充足的人口红利。人口红利具体表现为总人口中适龄劳动力比重较大，少儿和老年抚（赡）养负担相对较轻，并远低于同期世界平均水平，因此为我国经济发展提供了丰富的劳动力资源。由于存在大量的剩余劳动力，我国劳动力市场的供给长期大于需求，求人倍率长期小于1。改革开放以后，因我国劳动力资源丰富，用人成本较低，跨国公司将中国作为离岸生产和外包

---

1. 袁阳丽、段胜峰、刘建江、李喜梅：《新时代贸易强国的内涵及实现路径》，载《长沙理工大学学报》（社会科学版），第33卷，第6期，2018年11月19日。

的首选目标市场。大量劳动密集型产业转移到我国，形成了"境外采购—境内生产—境外销售"的出口加工模式，也就是通常所说的"两头在外，大进大出"，我国也因此成为名副其实的"世界工厂"。另外，与廉价劳动力比较优势相伴而行的是，我国拥有极高的储蓄率和相对较低的消费率，致使大量生产要素流向贸易部门，也助推了我国对外贸易的飞速发展。

| 知识链接 |

求人倍率

求人倍率是在一个统计周期内劳动力市场上工作岗位数与求职人数之比。从理论上讲，求人倍率可以反映一个统计周期内劳动力市场的供需状况。求人倍率小于1时，劳动力市场上求职人数多于需求人数，即当期劳动力市场供大于求，部分人无法找到工作；反之，求人倍率大于1时，劳动力市场上求职人数少于需求人数，即当期劳动力市场供小于求，会出现职位空缺；如果求人倍率等于1，则劳动力市场上求职人数等于需求人数，即当期劳动力市场供求平衡。[1]

然而，随着人口红利逐渐消退，我国便需要寻求国际竞争综合新优势，实现外贸发展的新旧动能转换。2013年《政府工作报告》强调要促进对外贸易转型升级，形成以技术、品牌、质量、服务为核心的出口新优势；2016年《政府工作报告》又

---

1. 小向：《求人倍率》，载《中国就业》，第12期，2014年12月15日。

提出要推动优进优出，促进加工贸易向产业链中高端延伸、向中西部地区梯度转移；2017年党的十九大报告指出要培育贸易新业态新模式，实施高水平的贸易便利化政策；2020年国家主席习近平在中国国际服务贸易交易会全球服务贸易峰会上的致辞中强调，中国会继续放宽服务业市场准入，助推服务贸易数字化进程，发展服务贸易新业态新模式。总的来说，在传统比较优势逐渐消失的情况下，我国实现贸易可持续发展的主要思路是利用中西部地区和部分低收入地区的潜在劳动力优势，促进传统劳动密集型产业梯度转移的同时，利用信息技术优势和研发创新促进资本和技术密集型产业发展。在此基础上，依托以自贸试验区、跨境电商综合试验区等为代表的制度创新和数字技术培育跨境电商和数字贸易等贸易新业态新模式，并借助"一带一路"和《区域全面经济伙伴关系协定》（Regional Comprehensive Economic Partnership，RCEP）等合作机制提高我国在全球价值链治理中的话语权，推动和引导区域价值链重构，促进服务贸易升级和扩大对外开放。[1]

---

1. 盛斌、魏方：《新中国对外贸易发展70年：回顾与展望》，载《财贸经济》，第40卷，第10期，2019年10月12日。

第 4 章

宝剑锋自磨砺出

——练好内功推进贸易高质量发展

中国将更加重视进口的作用,进一步降低关税和制度性成本,培育一批进口贸易促进创新示范区,扩大对各国高质量产品和服务的进口。中国将推动进口和出口、货物贸易和服务贸易、双边贸易和双向投资、贸易和产业协调发展,促进国际国内要素有序自由流动、资源高效配置、市场深度融合。

——国家主席习近平在第二届中国国际进口博览会开幕式上的主旨演讲(2019年11月5日)

近年来，我国对外贸易规模与日俱增，贸易主体生气勃勃，贸易地位如日方升，贸易结构日益优化，贸易平台建设倍道而进，贸易效益提升厚积薄发……贸易的质量正在稳扎稳打中不断提高。贸易从高速增长向高质量发展转变是必要之举，把自己的事情办好，不断增强自身实力，是建设贸易强国，推动贸易高质量发展的核心要义。

一、贸易主体培育力度还要加大

举网以纲，千目皆张。推动贸易高质量发展，要对准焦距、找准穴位、抓住关键。企业是贸易的主体，参与国际贸易意味着企业将面临更大的国际竞争，培育贸易主体的核心就是增强企业的综合竞争力，尤其是助力本土企业树立自主品牌、掌握核心技术、建立营销渠道。目前，我国企业的国际竞争力有待增强，技术创新能力存在短板，国际化经营水平需要提高。

（一）激发本土企业贸易主体活力

纵观我国贸易主体的变化趋势，1979年以来，我国外贸经营权下放试点工作展开，奠定了我国贸易主体演变的基础，吸引了大批外资企业进入。1998年，外资企业进出口总额占比超过国有企业进出口总额占比。2004年《中华人民共和国对外贸易法》的修订，带来了外贸经营权的全面放开，催生了一批外贸企业，民营企业主体在对外贸易中所扮演的角色日益重要，外资企业的进出口贸易额占比不断下降。2005年外资企业还是我国对外贸易的主力军，其进出口总额占据了总贸易额的58.49%，随后，外资企业进出口额占比不断下降。2012年是我国贸易主体转变的一个分水岭，外资企业的进出口额占比首次小于50%，2013年缩水至46.1%，到了2020年仅为38.6%，2012年至2020年间年均下降1.49个百分点，而国有企业、民营企业的进出口总额分别占我国进出口总额的14.3%、47%。这一串串数字，记录了我国本土企业的发展，贸易主体的角色转变正在真真切切地发生着。

外资企业往往以践行母公司的全球战略为主要目标，受我国较大规模市场、低成本劳动力优势的吸引，海外公司争相在中国设立分支机构，从事加工贸易模式的生产工作。但是外资企业多是贸易订单的接受者而不是决定者，在"两头在外、大进大出"经营模式的影响下，我国贸易实力的增长缺乏后劲和持久耐力。

为此，要激发本土企业贸易主体活力，应深入推进市场化改革，建立统一的商品和要素市场，实现货物互联互通；优化营商环境，推进企业合规建设，优化公共服务；保障民营企业融资，提高民营企业的进出口贡献度。

（二）增强本土企业的贸易竞争力

企业参与国际贸易的动因在于实现规模经济。面对波谲云诡的国际形势、无处不在的国际竞争，越来越多的本土企业力争上游、走出国门、并驱争先。然而，大浪淘沙，只有具备足够强的贸易竞争力，企业才能在惊涛骇浪的国际竞争中立于不败之地。国际市场竞争的高级阶段是技术和品牌的竞争，要增强本土企业的贸易竞争力，应从技术创新和品牌建设入手。

技术创新是提升企业贸易竞争力的关键。2020年我国的工业增加值超过了美国和日本的工业增加值之和，但是我国传统制造企业较多，这类企业的生产技术水平偏低，因而生产成本较高，在国际市场上的竞争力不强。对传统产业及其他生产力较低的行业来说，优化升级势在必行。改革开放伊始，"三来一补"的贸易形式让我国很快地融入国际贸易体系中，然而，这种贸易形式让我国的出口企业处于价值链的低端，关键技术始终受制于人，创新长期难有突破，所以高科技产品只能依赖进口。更严重的是，我国有些高科技产品的进口来源比较单一，例如，电脑芯片和基因检测仪只能从美国进口；高端轴承和医学影像设备只能从德国进口；半导体的光刻胶和高端碳纤维的环氧树脂则只能从日本进口。

本土企业需要进一步增强贸易竞争力，继续夯实制造环节基础，大力推动技术创新，加快核心技术攻关，提升产业链协同创新效应。此外，还应调动员工积极性，努力打造世界一流的知名品牌，提升品牌资产。

| 知识链接 |

加工贸易

加工贸易（processing trade）主要是指对外加工装配贸易、中小型补偿贸易和进料加工贸易，是产业在全球范围内形成分工的一种生产方式。通常所说的"三来一补"指的是来料加工、来件装配、来样加工和中小型补偿贸易，其中来样加工不在加工贸易的范围内。加工贸易生产的产品在我国产业目录中可能属于高技术产品，但在我国的制造、加工环节实际上是劳动密集型的。

品牌形象是有助于提升企业贸易竞争力的"软件"。产品和服务质量、管理模式、社会责任都会影响品牌形象。2014年5月10日，习近平总书记在河南视察中铁工程装备集团时提出"三个转变"，其中一个重要的转变就是"中国产品向中国品牌转变"。玉不容瑕，荣事达的"零缺陷生产"、小天鹅的"末日管理"、海尔的"日清日高"都体现了生产企业对产品质量的重视。从"中国制造"到"中国质造"，质量逐渐成为中国产品的重要标签。与此同时，企业海外形象建设的重要性也不容忽视。联想积极赞助奥运会为企业树立了良好的国际形象，腾讯在法国"科技向善"峰会推广腾讯课堂给企业打上了"科技+文化"的形象标签，华能重视保护生物多样性则彰显了企业对社会责任的担当。良好的品牌形象是企业名副其实的"名片"，而具有品牌影响力的企业为参与国际贸易的中国企业树立了标杆。

（三）引领本土企业成为跨国公司

战后全球产业分工格局主要是由全球性跨国公司主导的。[1] 跨国公司以及与跨国公司有契约关系的企业是国际贸易的主体，控制着国际贸易的主要流向，它们之间的贸易占据国际贸易的大半份额。以美的、海尔、华为、腾讯为代表的中国跨国公司日渐崛起，已经成为推动我国贸易发展、产业结构调整与升级

---

1. 沈铭辉、杨超：《中国在亚洲价值链的地位升级：机遇与挑战》，载《清华金融评论》，第11期，2020年11月5日。

以及技术进步的重要力量。

培育中国的全球性跨国公司,是增强我国综合国力的必然要求,是实施"走出去"战略的现实选择,是增强企业国际竞争力的客观需要,也是增加国际市场话语权的重要依托。跨国公司可以更好地利用国内国际两个市场、两种资源,能够在全球范围内寻找低成本的资源和生产技术。如果没有自己的全球性跨国公司,贸易高质量发展目标的实现过程将会更加艰难。

培育全球性跨国公司不是一蹴而就的,要循序渐进,从小到大,首先培育在国际上已有一定影响力的企业,然后培育具有国际竞争力的企业,最后完成全球性跨国公司的培养目标。

企业自身要夯实基础,练好内功。保持持续的研发投入和创新动力,将有助于企业竞争力的大大提升。例如,华为通过持续的大规模研发投入,迅速成为5G时代的引领者、全球通信设备的最大制造商。华为不断拓展国外市场,在世界范围内布局企业发展。华为2020年的年度报告指出,内部制造和外包能力同等重要。为此,华为已经与多家电子制造服务供应商建立了战略合作伙伴关系,与这些供应商共享电路板制造和供应能力,以确保始终有制造和供应资源的备份。华为拥有全球视野和国际眼光,目标市场和客户资源遍布全球,提供能够满足多样化需求的产品和服务。

政府则要加大政策支持力度,培育优势行业和企业。对不同所有制企业应一视同仁,选择支持企业的标准要一致,比如以效益为第一标准,不能厚此薄彼。重点围绕优势领域,摸排行业"领头羊""隐形冠军""独角兽",着力培养壮大,培育拥有自主品牌、核心技术的中国跨国公司,并鼓励其提高协同带动能力,形成企业集群,以企业主体的内外联通能力,打破不同区域、不同领域的市场分割状态,充分把握新一轮科技和产业革命的机遇。发挥中国跨国公司在贸易中的主体作用,引导企业利用全球产业布局的优势,加快在产业链上游和高端环节布局,打造"链主"企业,从而推动产业链内部的进出口,提高在国际市场的竞争地位,进一步重塑产业分工布局。

| 知识链接 |

"领头羊""隐形冠军""独角兽"

"领头羊"借指发展较快、规模较大、能够带领行业前进的企业。"隐形冠军"指的是那些不为公众所熟知,却在某个细分行业或市场占据领先地位,拥有核心竞争力和明确战略,其产品、服务难以被模仿和超越的中小型企业。"独角兽"是投资行业,尤其是风险投资业的术语,一般是指成立时间不超过10年、估值超过10亿美元的未上市创业公司。

二、贸易地位提升能力还要加强

2001年加入世贸组织之后,我国在国际贸易领域取得了举世瞩目的成就。得益于充足的劳动力资源、足够的生产能力、积累的技术溢出,我国进出口总额先后超越多个国家,在2013年至2020年间有7年位列世界第一。我国在全球贸易中的地位受到越来越多的关注,现代国际贸易史的"中国时代"已经到来。诚然,我国在全球贸易市场中的份额和影响力逐步增大,但我国的贸易总体上仍然"大而不强"。

第④章　宝剑锋自磨砺出——练好内功推进贸易高质量发展

（一）掌握国际贸易话语权

我国曾经是发达国家的最大生产基地，廉价劳动力被外商投资企业看中，带动了"两头在外，一头在内"的加工贸易的急剧扩张。经济全球化的日益深化以及国际经济环境的不断改善，也为我国对外贸易的发展提供了良好的机遇，极大拓展了我国彼时的进出口空间。得益于"世界工厂"的地位，劳动密集型、知识密集型的产业大举向中国转移。在几十年的时间里，我国迅速完成了从纺织服装、玩具、家具等低端轻工业产品的出口大国，到通信设备、电子设备、交通运输设备等高端制造业产品出口大国的跨越。在这一过程中，政府工作人员、专家学者和企业家不断思考：我国的出口产品真正属于产业链高端吗？我国的科技水平处于世界前沿吗？尽管我国不断向中高端迈进，在全球价值链中的地位稳步提升，但是与发达国家相比，仍然有不小的差距。以汽车产业为例，根据海关总署公布的数据，2020年中国乘用车平均出口单价为1.12万美元，而根据韩国汽车产业协会的数据，现代汽车平均出口单价为1.94万美元。可见中国汽车的附加值和品牌价值仍然有待提升。

在国际经贸规则重构下的博弈中，掌握国际经贸规则制定的主导权和话语权，有助于引导经贸规则向合作共赢的方向发展，推动建立更加公平合理的全球经济治理体系。随着经济全球化的深入发展，我国亟须掌握国际经贸规则的变革方向，例如大幅削减关税和非关税壁垒，重视边境内措施，关注市场准入、知识产权保护、安全卫生标准、跨境数据流动等。

同时，我国需要在国际经贸规则制定中争取更多主导权和话语权，为构建符合发展中国家利益的规则贡献力量，以更好维护国家经济安全，维持产业链、供应链安全稳定运行，尤其是保障大宗商品的供应安全。大宗商品作为国民经济的基石，其重要性不言而喻。随着全球大宗商品市场日渐"金融化"，国际大宗商品的价格不仅取决于企业之间的交易，还会受到大宗商品期货价格的影响，大宗商品期货价格则取决于影响力大的商品期货交易所。目前国际市场几乎所有的大宗商品定价中心都已形成，而我国期货交易仅涉及铜、大豆、天然橡胶等二十几个品种，覆盖产业有限，依然存在大宗商品议价能力不足或定价话语权缺失，以及期货交易市场发展缓慢的问题。

要掌握国际贸易话语权提升贸易地位，应立足于国内大市场，加强国内企业联合，及时把握国际市场变化趋势；对内深化改革，积极对接高标准国际经贸规则；对外充分发挥中国制造的优势，尽可能提升我国的商品定价权。

（二）增强数字技术创新力

纵观600余年的近现代贸易发展史，技术创新始终是强国崛起的重要保障。超前的造船和航海技术使威尼斯成为11世纪至15世纪间农业及手工业先进技术的聚集地；始于18世纪中后叶的工业革命帮助英国确立了持续约一个世纪的世界贸易霸主地位；美国20世纪初对应用科学的研究带来了技术水平和生产率的大幅提升。

技术优势有助于一国获得出口方面的优势。例如，美国的苹果公司成功开发出智能手机、电脑、智能手表等一系列产品，赶在其他企业之前掌握相关先进技术，既可以将这些产品出口到其他国家，也可以将产品的部分加工组装环节交给技术相对落后而劳动力更充足的发展中国家,自身仍然集中力量开展研发创新工作,获得技术的进一步升级,从而始终占据技术领先优势。发展中国家只有把握后发优势,通过"干中学"等加强技术创新,点滴积累,才能逐渐缩小与发达国家之间的差距,最终实现赶超。

| 知识链接 |

"干中学"效应

1962年,美国经济学家肯尼斯·阿罗提出"干中学"效应。顾名思义,"干中学"就是一边干一边学,"干中学"效应是指在生产过程中引起的劳动生产率提高和技术外溢。发展中国家可以通过承接发达国家的生产工序、引进先进技术和设备、选派工程师去国外培训学习等途径积累经验,获得渐进性的技术创新。

近代以来,科学技术发展突飞猛进,大批创新成果催生了第一次、第二次工业革命。第一次工业革命至今已有200余年,人类实现了从蒸汽技术到电力技术,再到信息技术的跨越,接下来最有可能引领第四次工业革命的便是数字技术。在这一背景下,要大力发展先进技术,坚持以科技创新推动贸易地位提升,尤其要抓好当下的数字经济和数字贸易,打造我国在数字化创新方面的比较优势。

截至2020年底,我国有9.89亿网民,互联网普及率达70.4%,市场潜力巨大。作为世界第二大经济体和第一人口大国,我国在数字基础设施、数据规模、劳动力成本等方面具有显著优势，数字经济的蓬勃发展有利于我国在全球价值链数字化转型中形成先发优势和网络集聚优势。为了在这一轮竞争中抢占先机，我国应抓紧布局，以改革创新为根本动力，加快攻克"卡脖子"技术难题，不断推动数字化创新，全面塑造贸易竞争新优势，以数字技术创新力来争取更为有利的贸易地位。

＜拓展阅读＞

"中兴事件"

2018年4月16日，美国商务部宣布未来7年禁止美国企业向中兴通讯销售零部件、商品、软件和技术。2018年5月，中兴通讯发布公告称受禁令影响，公司的主要经营活动已无法进行。2018年7月，美国商务部暂时、部分解除了对中兴通讯的出口禁售令，中兴通讯支付4亿美元保证金后终于恢复运营。"中兴事件"打醒了本土企业，昭示了中国企业拥有自主核心技术的重要性。

从芯片到操作系统，从人工智能到量子计算，没有核心硬件，产品、服务只是沙滩上的楼房，一推就倒，面对国外"卡脖子"的制裁，企业将毫无还手之力。华为不断购入物资，拿出大量资金招募顶尖人才；OPPO启动"马里亚纳计划"，开启芯片的自主研发之路；VIVO与三星达成合作意向，意在减轻未来高通断供芯片的不利影响；小米收购多家半导体公司，积极开展澎湃芯片的研发工作……有了前车之鉴，中国企业越来越重视核心技术研发，大步走在实现科技自立自强的新征程上。

三、贸易平台打造水平还要提高

入场处人潮涌动、场馆内人声鼎沸、展位间人来人往……广交会的场面好不热闹！不断回放阅兵式的全景AI电视、拥有智能操控系统的冰箱、高性价比的全面屏智能手机等各式各样的商品吸引了里三层外三层的海外采购商驻足观看。创办于1957年4月25日的中国进出口商品交易会（即广交会）是我国贸易平台发展的一个缩影，被喻为贸易的"晴雨表"和"风向标"。借助以广交会为代表的贸易平台，我国的产品成交量不断增加，外贸进出口总值节节攀升。

（一）继续扩大展会平台影响力

《"十四五"商务发展规划》指出，"高水平建设贸易平台体系，为贸易高质量发展提供有力支撑"。广交会、中国国际进口博览会（进博会）、中国国际服务贸易交易会（服贸会，前京

* 2021年中国国际服务贸易交易会首钢园展区（新华社，记者陈晔华摄）

交会）是我国对外开放的三大展会平台，其中2012年开始举办的服贸会连通中国和世界，是我国服务业"引进来"和"走出去"的重要渠道，也是电子商务企业对外展示的重要窗口，着力传播服务贸易领域的理念，吸引越来越多的国家、国际组织和机构、企业参展参会。

我国设立的一系列展会平台是汇聚了不同国家、国际组织参展商的"百花园"，而非自导自演的"独角戏"，为向世界传播这一理念，就要重视协调机制的建立，支持口岸联动、组织协作等，打造高水平、专业化、市场化品牌展会。网上直播、全天候供采对接、电子名片交换、在线洽谈等服务和功能打破了时空的限制，线上线下融合的办展模式有助于扩大展会平台的影响力。依托展会平台，我们可以建立互联互通的交易市场，辐射更多国家和地区。

我国代表性展会平台

类别	展会名称	开办时间和特点
国家级综合性展会	中国进出口商品交易会（广交会）	我国历史最长的综合性国际贸易盛会，1957年举行第一届
	中国国际投资贸易洽谈会（投洽会）	我国唯一以促进双向投资为目的的国际投资促进活动，1997年举行第一届
	丝绸之路国际博览会（丝博会）	前身为创办于1997年的中国东西部合作与投资贸易洽谈会
	中国国际服务贸易交易会（服贸会）	全球唯一涵盖服务贸易12大领域的综合性服务贸易交易会，2012年举行第一届
	中国国际进口博览会（进博会）	世界上第一个以进口为主题的国家级展会，2018年举行第一届
	中国国际消费品博览会（消博会）	以消费精品为主题，2021年举行第一届

续表

类别	展会名称	开办时间和特点
双边、区域性展会	中国-东盟博览会	集商品贸易、投资合作、服务贸易、高层论坛、文化交流于一体，2004年开始举办
	中国吉林·东北亚投资贸易博览会	搭建货物贸易平台、扩大区域投资合作、促进民间交流，2005年开始举办
	中阿经贸投资合作论坛	招商引资、扩大外贸出口，2010年开始举办
	中国-亚欧博览会	立足新疆地缘优势，发挥新疆在向西开放过程中的作用，2011年开始举办
	中国-阿拉伯国家博览会	宗旨是传承友谊、深化合作、共同发展，2013年开始举办
	中国-南亚博览会	加强与南亚、东南亚、西亚地区全面交流合作的平台，2013年开始举办
	中国-俄罗斯博览会	推进中俄全面战略合作伙伴关系，2014年开始举办
	中国-蒙古国博览会	中蒙两国乃至东北亚地区贸易、投资、旅游合作的平台，2015年开始举办
	中国-中东欧国家博览会暨国际消费品博览会	我国唯一面向中东欧的国家级展会，2019年开始举办
	中国-非洲经贸博览会	推进中非经贸关系，聚焦贸易、农业、投融资、合作园区、基础设施等领域，2019年开始举办

（二）不断增强自由贸易试验区的辐射力

自由贸易试验区是我国不断深化对内改革、扩大对外开放的支点，截至2020年，我国已经批准成立21个自贸试验区。深化改革和创新，提高自贸试验区建设的水平，推动贸易便利化改革，总结一般性的规律、经验，成熟后向全国复制推广，不仅能够提高资源配置效率，还能够破除市场一体化壁垒和障碍，增强自贸试验区的辐射带动能力。虽然在自贸试验区的建设过程中已经形成了很多可复制、可推广的成果，但是还存在一定的局限性，例如制度创新多集中在投资管理、贸易、行政管理等方面，金融方面的创新经验相对缺乏，还存在相关立法碎片化的现象。此外，自贸试验区虽然整体上有助于带动周边地区的经济发展，但是自贸试验区建设的效果在不同的区域差异较大。

为此，要不断增强自贸试验区的辐射力，推动自贸试验区相关立法工作，提升具体内容的可操作性，同时加强评价指标体系建设，为自贸试验区未来的发展和扩容提供科学依据；进一步增强自贸试验区战略与区域协同发展的相互支撑作用，促进区域产业升级，推动区域经济提质增效；利用好外贸集聚区、加工贸易转型升级示范区、国家级新区、经济技术开发区、高新技术产业开发区、海关特殊监管区域等各类开放平台建设的契机，加快各自贸试验区之间以及自贸试验区和其他特殊空间区域之间的联动创新。

| 知识链接 |

自由贸易试验区

自由贸易试验区是我国自主开放的特定区域，也是当前国内最高层次的开放平台，一般同时包含海关特殊监管区域和非海关特殊监管区域。在海关特殊监管区域实施类似自由贸易园区（Free Trade Zone）特定税收和海关监管政策，主要开展贸易便利化改革；在非海关特殊监管区域主要开展投资自由化、金融国际化、监管法治化等方面的改革探索。

（三）着力强化外贸转型带动力

作为推进贸易高质量发展的重要载体和抓手，外贸转型升级基地在推动地方贸易创新发展方面发挥了积极作用。外贸转型升级基地是国家和地方重点扶持和发展的集生产和出口功能于一体的产业集聚体，是培育在信息、营销、品牌、质量、技术、标准、服务等方面的出口竞争新优势的重要载体，是有助于带动区域内产品出口、发挥技术外溢效应的重要举措。2021年7月，商务部新认定了105家国家外贸转型升级基地，地域分布均衡，涵盖沿海、内陆和中西部地区；行业分布全面，涉及机电产品、农产品、纺织服装、新型材料等8大行业；产品科技含量增高，机电产品、轻工工艺品、新型材料的占比超过60%。至此，全国外贸转型升级基地已达578家。作为培育外贸竞争新优势的重要平台，未来外贸转型基地的数量还会进一步增加。

外贸综合服务平台是在外贸转型升级过程中出现的另一典型新业态新模式。这类平台直接服务于传统外贸企业和新兴中小微企业，提供包括报关、退税、融资、物流等的一站式外贸服务，赋能中小微企业开拓全球市场。目前，按照我国《电子商务法》的规定，外贸综合服务平台应该属于第三方平台，但其具体责任义务，以及平台本身如何满足政府合规要求和监管需求，仍然没有很清晰的规定，导致目前外贸综合服务平台不能充分发挥赋能中小企业的作用。

我国应继续着力强化外贸转型带动力，落实地方配套服务政策，建设外贸转型升级基地基础设施，完善外贸综合服务平台监管标准，促进外贸供给侧结构性改革，推动贸易创新发展，从而更好地培育国际竞争与合作新优势。

（四）深入提升电商平台支撑力

外贸新业态新模式是国际贸易发展的重要趋势和有生力量。新冠肺炎疫情期间，跨境电商、外贸综合服务平台等在稳定产业链、供应链方面作出突出贡献。跨境电子商务综合试验区旨在先行先试跨境电子商务交易、支付、物流、通关、退税、结汇等环节的技术标准、业务流程、监管模式和信息化建设等，我国第一个跨境电子商务综合试验区于2015年在阿里巴巴总部所在城市杭州设立。2016年，天津、上海、重庆、合肥、郑州、广州、成都、大连、宁波、青岛、深圳、苏州12个城市又陆续建立了跨境电子商务综合试验区。此后，逐渐有更多的城市拥有了跨境电子商务综合试验区，这将为贸易高质量发展提供强大动能。大力推动电子商务平台的发展要根据不同地区的产业优势，深化国家电子商务示范基地建设，加快培育数字商务企业，打造电商优质品牌，加强电商新型基础设施建设；要结合不同类型企业的特征，以行业龙头企业带动创新，优化平台载体，驱动企业数字化能力提升；地方政府要完善电商公共服务体系，引导平台企业健康发展，鼓励中小企业参与国际贸易。

四、贸易结构优化程度还要加深

2007年12月22日，我国首列国产化率超过70%、时速300公里的动车组列车出厂；2016年底，全国高速铁路运营里程突破2.2万公里，居世界第一位，中国高铁开始角逐全球高铁市场。2020年11月28日,印度尼西亚雅万高铁出海的第一批钢轨从广西防城港码头起航,标志着中国高铁首次实现整体出口。高铁已经成为"中国制造"的一张名片,是我国贸易结构不断优化的一个缩影。

(一)提高产品技术含量

贸易结构是指对外贸易活动要素之间的比例关系。结合我国的实际情况来看,改革开放以来,我国贸易结构逐步优化,初级产品出口额逐步下降,工业制成品出口额稳步上升。1991年工业制成品出口额占比达到77.5%,标志着出口比较优势的第一次重要转变;1995年机电产品出口额超过纺织和服装产品,成为我国第一大类出口商品,标志着出口商品结构从以劳动密集型为主转向以资本密集型为主;2001年"入世"后我国不断释放劳动力比较优势,通过加工贸易迅速成长为名副其实的"世界工厂";2020年,初级产品出口额占比仅为4.5%,工业制成品出口额占比则达到95.5%。

然而,当前我国出口商品结构中技术含量较低的产品和服务占比仍然较高,且出口的高技术产品真正由国内厂商贡献的技术含量不高。低端产品整体供大于求,而芯片等高端产品以及关键零部件国内供给不足。我国生产的大部分高技术产品在国际竞争中的优势仍然表现为较低的价格,且外商投资企业的产品在高新技术产品出口额中所占的比重较高。

据海关总署统计,2000年,高新技术产品的出口额在我国出口总额中所占的比重仅为14.86%,2015年这一比例上升到28.82%;2020年,我国高新技术产品的出口额约为7762.55

亿美元，占出口总额的29.97%，始终未超过三分之一。为此，要提高出口产品和服务的技术含量，增加高技术产品出口额，促进贸易结构优化。具体来说，可以直接利用技术创新改造传统出口产品，通过推动科技兴贸转型升级，增加出口产品的技术含量；敦促企业重视产品的研发设计、品牌营销等高技术含量和高附加值环节，从而使货物出口贸易从加工产品输出向技术、服务、设备输出转变；加快构建符合企业需求的产业创新体系，并提供相应的政策支持和服务。

（二）激发转型升级动力

近年来，我国贸易结构不断优化。基于彼时的劳动力比较优势，大量劳动密集型加工贸易转移至中国，承接发达国家低附加值产品的加工贸易带来了我国中间产品进出口的大幅提升。1993年，我国加工贸易产品的出口比重达到48.23%，首次超过一般贸易商品47.08%的占比，加工贸易企业长期享受国内劳动力供给充足且成本低廉的静态比较优势。2004年的《政府工作报告》首次提出"加工贸易转型升级"。具体来看，要优化加工贸易产业和产品结构，延长加工贸易境内增值部分，将加工贸易的重心由来料、进料加工拓展延伸到"微笑曲线"的研发和营销环节，稳步推进我国加工贸易转型。我国劳动力成本逐年上升，但我国中西部地区仍具有劳动力比较优势，来料、进料加工在中西部地区的发展潜力和空间依然巨大，促进区域平衡发展是转型升级动力之一，因此可促进加工贸易向中西部地区有序转移。

随着依靠劳动力比较优势发展对外贸易的可持续性降低，

第 ④ 章　→ 宝剑锋自磨砺出——练好内功推进贸易高质量发展

需要进一步转换贸易发展动能，培育国际竞争新优势，尤其是大力发挥研发要素的作用，推动我国企业向研究、开发、设计、营销端拓展，取得贸易利润分配的主动权，实现从"量变"到"质变"的飞跃。

2019年11月，中共中央、国务院发布的《关于推进贸易高质量发展的指导意见》中指出，"到2022年，贸易结构更加优化，贸易效益显著提升，贸易实力进一步增强，建立贸易高质量发展的指标、政策、统计、绩效评价体系"。随着"一带一路"建设的大力推进，总体上，可以共建"一带一路"为重点，平衡区域发展，同时优化产业结构，促进进口与出口、货物贸易与服务贸易的协调发展，推动贸易与双向投资、贸易与产业良性互动，从而激发转型升级的区域力量和产业力量。

五、贸易效益提升效果还要突出

"1979年，那是一个春天，有一位老人在中国的南海边画了一个圈⋯⋯"从当初的小渔村，到如今的国际化大都市，深圳经济特区40余年的建设征程中，变化日新月异。40多年来，深圳同各国贸易往来不断扩大，2020年，深圳的进口额、出口额双双飘红，出口规模继续领先全国，连续28年居全国外贸城市首位。曾经的"三来一补"推动了深圳加工贸易的快速发展，加工贸易带来的技术溢出、经济增长等不断积累，拉动新兴产业、未来产业的发展。现在的深圳，贸易畅通、环境优美，人民的幸福感也在与日俱增。深圳的巨变成为我国改革开放进程的一个缩影，而当地经济、社会、环境效益的提升离不开贸易的蓬勃发展。

（一）提高贸易的经济效益

贸易带来经济效益。作为国民经济"三驾马车"之一的出口，其发展带来的经济效益是衡量我国贸易发展水平的重要标准。我国净出口额对国内生产总值增长的贡献率并不高，根据国家统计局公布的数据，2020年货物和服务的净出口额，即货物和服务的出口额减去进口额对GDP增长的贡献率是25.3%，拉动GDP增长0.6个百分点。此外，我国出口到以美国为代表的发达国家的大量制成品，其生产公司为国外企业所投资，因此在巨额贸易逆差中，大量的生产利润最终流回投资方所在国，我国实际获得的贸易利润非常有限。

要提高贸易的经济效益，就要寻求质量变革和效率变革，打破市场分割，提升贸易组织化程度；逐步提高新兴市场和发展中国家在我国对外贸易市场中的占比，扩大与周边国家贸易往来的规模；增强研究、制造中间投入品的能力，加强国内产业关联度，提高国产料件的利用率。

（二）提高贸易的环境效益

贸易带来环境效益。作为工业化的先行者，发达国家在早期的发展过程中，只注重工业发展，轻视生态环境。1930年比利时突发骇人听闻的马斯河谷烟雾事件，1943年美国洛杉矶发生光化学烟雾事件……此类事件不胜枚举。此后，发达国家投入巨资治理污染，治理措施中就包括将污染企业转移到发展中国家。我国贸易的快速发展也带来了巨大的环境压力，我国通过大规模量多价低的产品出口成长为贸易大国,但与此同时也付出了环境污染的沉重代价。[1]"绿水青山可以带来金山银山,但金山银山却买不到绿水青山",要重视贸易带来的环境效益,不能走发达国家"先污染后治理"的老路。

经济发展和环境保护是每个国家在发展过程中都会遇到的一对矛盾。但经济发展相对较快见效的收益常常使人们选择将环境保护放在经济建设之后考虑。不破不立,绿色发展、低碳发展、零碳发展是我国实现制造业转型升级的必由之路。2020年中央经济工作会议指出,我国二氧化碳排放力争于2030年前达到峰值,力争于2060年前实现碳中和。碳达峰、碳中和是一场绿色工业革命,应以此为导向,发展绿色生产和贸易,提升我国绿色竞争力,构建绿色贸易体系,增强贸易的环境效益。

| 知识链接 |

碳达峰、碳中和

碳达峰是指二氧化碳排放量达到历史最高值,然后经历平台期进入持续下降的过程,是二氧化碳排放量由增转降的历史拐点,标志着碳排放与经济发展实现脱钩。碳中和,是指某个地区在一定时间内(一般指一年)人为活动直接和间接排放的二氧化碳,与其通过植树造林等吸收的二氧化碳相互抵消,实现二氧化碳"净零排放"。[2]

---

1. 盛斌、魏方:《新中国对外贸易发展70年:回顾与展望》,载《财贸经济》,第40卷,第10期,2019年10月12日。
2. 胡鞍钢:《中国实现2030年前碳达峰目标及主要途径》,载《北京工业大学学报(社会科学版)》,第21卷,第3期,2021年1月25日。

(三)提高贸易的社会效益

贸易带来社会效益。贸易是经济增长的发动机，进出口双向发力为国内消费者带来了多样化的商品种类，为国内生产者提供了传播企业文化的重要渠道，既有利于贸易双方的交流和沟通，也有助于提升产品和服务的供给水平，提升社会发展的总体质量。此外，贸易的发展也使贸易领域人才的培养和专业队伍的建设备受重视，从业人员知识、技能水平的提升和贸易的发展之间会形成正反馈机制，将进一步强化贸易带来的社会效益。

贸易自由化将带来更多的就业机会。一方面，随着贸易自由化的发展，可供选择的商品种类越来越丰富，消费者的需求也日益多元化，而为了实现多样化产品的供给，企业会根据市场情况调整生产，雇用相应的劳动力，为社会创造更多就业机会；另一方面，贸易自由化为参与出口贸易的行业创造了就业机会，吸引更多的劳动力，从而促进企业生产效率的提高，更高的生产效率又使企业能够支付更高的工资，并进一步提供更多的工作岗位。

提升贸易的社会效益，还可以从知识产权、行业标准等方面着手。在国际贸易中，高标准的双边、多边及区域自由贸易协定往往包含标准高、力度大的知识产权保护规则，值得我国在提高知识产权保护立法与执法水平的过程中学习和借鉴。知识产权保护的本意在于鼓励知识和技术的发展，通过加大对知识产权的保护，可以激励生产者实现最终能够增进公共利益的创新，贸易的社会效益随之提升。就行业标准而言，进口国对所进口产品标准的规定和优化，将敦促出口国加强贸易商品的检验检疫，并出台相关举措，对接国际上不断提高的质量安全标准，从而使出口商日益重视产品的质量及安全，消费者也能从中获益。为此，我国还应继续不遗余力地推动知识产权保护，加强标准建设，促使企业遵守有关政策规范，继而增强贸易的社会效益。

第 5 章

转型升级谱新篇

——培育新业态新模式增添新动能

拓展对外贸易,培育贸易新业态新模式,推进贸易强国建设。

——习近平总书记在中国共产党第十九次全国代表大会上的报告(2017年10月18日)

第 ⑤ 章 → 转型升级谱新篇——培育新业态新模式增添新动能

加快发展外贸新业态新模式，有利于推动贸易高质量发展，培育参与国际经济合作和竞争新优势，对构建新发展格局具有重要作用。近年来，我国经济发展进入了新常态，在对外经济贸易领域体现为：我国以人口红利为主要形式的低成本比较优势正随着经济高质量发展发生转化，高水平"引进来"和大规模"走出去"正在同步发生。在这样的时代背景下，跨境电商、市场采购贸易、外贸综合服务企业、保税维修、离岸贸易、海外仓6种新业态新模式开始出现，这股势头强劲的新生力量为我国外贸国际竞争能力的提升蓄积了新优势，也为我国新形势下开放型经济的发展培育了新动能。

一、大力培育外贸新业态新模式

党的十九大报告强调要培育新业态新模式，推进贸易强国建设。2021年7月，国务院办公厅发布了《关于加快发展外贸新业态新模式的意见》，提出"到2025年，外贸新业态新模式发展的体制机制和政策体系更为完善，营商环境更为优化，形成一批具有国际竞争力的行业龙头企业和产业集群，产业价值链水平进一步提升，对外贸和国民经济的带动作用进一步增强。到2035年，外贸新业态新模式发展水平位居创新型国家前列，法律法规体系更加健全，贸易自由化便利化程度达到世界先进水平，为贸易高质量发展提供强大动能"。当前，跨境电商、市场采购贸易、外贸综合服务企业等外贸新业态新模式迅速崛起，相关企业持续拓展海外市场。

随着"稳外贸"以及相关政策的出台，对外贸易新业态新模式的发展规模不断壮大。跨境电商发展极为迅速，2020年，我国跨境电商进出口额达到1.69万亿元，贸易规模5年增长近10倍；市场采购贸易规模6年增长5倍，2020年突破7000亿元。据不完全统计，全国外贸综合服务企业已超1500家，服务客户数量超20万家，海外仓数量超1900个。[1]国家推行支持性政策建设外贸转型升级基地、贸易促进平台和国际营销网络，在"三项建设"的带动下，一大批外贸企业加快转型升级，从技术创新和管理创新两侧发力，积极打造自主品牌，开发自主知识产权，管理自主营销渠道，高技术、高附加值、高效益的产品出口快速增长，外贸发展自主性和国际竞争力不断提升。

（一）全球化的跨境电商贸易

"人在家中坐，快递敲门来"，这是互联网时代消费者居家购物的真实写照。电商这一信息技术和运输物流结合发展的产物，颠覆了传统的购物模式，大大丰富了消费者的购物体验。电子商务平台连接买卖双方，卖家在平台上架自己的商品供消费者任意挑选，再搭配高效便捷的物流服务，将买方所购商品配送到指定地点，完美贴合日渐多元化的消费需求。发展到今天，电商这种新业态新模式正在对外贸易这条康庄大道上飞速狂奔，来自五湖四海的商品凭借跨境电商平台跨越了国与国之间的距离，只要拥有一部手机，消费者不出门便可以坐拥天下好商品。

---

1. 罗珊珊：《我国加快发展外贸新业态新模式》，载《人民日报》，2021年7月13日。

近年来,我国的跨境电商在广域互联的信息技术的推动下实现了飞速发展,交易规模不断扩张,根据商务部统计,全国电子商务交易额从2015年的4.56万亿元增长至2020年的37.21万亿元,增长8倍之多。境内电子商务平台的典型代表,例如阿里巴巴、京东、苏宁易购等互联网巨头,借助各自已经成熟的电子商务平台充分发挥优势,积极拓展海外业务,并结合跨境物流完成海外市场的交易。除了将业务延伸到国际市场的大型电商平台企业外,目前国内的跨境电商贸易主体还包括以兰亭集势为代表的专门从事跨境贸易的企业和向电商转型的传统外贸企业。在市场分布上,我国跨境电商的市场以美国、俄罗斯和欧盟为主,随着"一带一路"倡议的深入推进,我国与中亚、中东欧各国之间的跨境电商交易额也在稳步增长,另外非洲、中东、拉美等地区的市场前景也十分广阔。

<拓展阅读>

"中欧班列+跨境电商"开拓欧洲市场

2021年6月25日,一趟搭载了价值约430万美元货物的中欧班列从青岛鸣笛发车,开往白俄罗斯明斯克。这是山东省为跨境电商专门开行的专列列车"齐鲁号",不但可以开往白俄罗斯,还可以直达"一带一路"沿线20个国家50个城市,车上所有的货物都按照跨境电商B2B直接出口报关。这趟专列是山东省为落实国家鼓励中欧班列服务新业态发展而实施的重要举措,旨在为当地跨境电商进出口企业搭建一条安全、高效的国际物流大通道。

(二)集约化的市场采购贸易

2019年4月的一天,一批普通而又不寻常的货物从成都市青白江海关通关销往海外。说这批货物普通,是因为它是常见的男士棉服、女士休闲套装等纺织品类货物;说它不寻常,是因为它采取的外贸方式是市场采购贸易这种新业态,这也是成都采取市场采购贸易进行货物出口的首次尝试。

市场采购贸易这种商业模式,最早是从东部沿海地区的各类专业市场发展起来的,其中最知名的就是义乌小商品市场。这些专业市场的特点是同类产品聚集且每单产品货值不高,但各式产品品类繁多,可以满足多样化需求。与专业的外贸公司相比,这类具有发展活力的小市场,可以在本地发展得风生水起,但是缺少销往海外市场的渠道和专业化的外贸技能,市场采购贸易方式应运而生。

市场采购贸易是指由符合条件的经营者在经国家商务主管等部门认定的市场聚集区内采购商品(单票报关单商品不超过15万美元),并在采购地办理出口商品通关手续的贸易方式。市场采购贸易的根本原则是集约化,即所有的贸易程序都在相对集中的区域内完成,具有集中展销、集中采购、集中通关的特点,是为境内外的小商户专门打造的一种小、快、灵的商业模式。在这样的商业模式下,原本需要跨境才能够完成的货权转移在国内采购地就可以轻松实现,大大降低了传统小型商贸企业参与外贸的难度,于是,一大批小商品出口的规模呈现飞速增长态势。

在推动市场采购贸易发展方面,国家出台了许多支持政策。例如,至2020年商务部已公布了五批市场采购贸易方式试点。2014年义乌小商品批发市场作为全国第一批实行市场采购贸易管理模式的市场聚集区，外贸规模呈现"爆发式"增长，在当年便实现了90亿美元出口额，与开放试点之前相比增长了150%。随后，经国务院批准，位于全国各地一大批传统商贸市场作为试点单位相继实行市场采购贸易方式，大大提高了对外出口能力。

（三）专业化的外贸综合服务

对外贸企业来说，想要完成一张出口订单，需要经历一系列复杂的流程，包括报关、商检、退税、物流、结算、信保，等等。处理如此长的流程需要十分强大的知识储备，要求企业负责人员对各个专业领域都要了解熟悉。这对中小微企业来说可谓困难重重。同时中小微外贸企业所收到的订单规模小，这样就带来了两个问题：一是不能形成规模经济，订单越小外贸成本越高；二是竞争力弱，对外不具有议价能力。因此我国中小微外贸企业常常面临着利润微薄、生存艰难的窘境。针对中小微外贸企业的痛点，一批专业化的外贸综合服务企业摇身一变，成为中小微企业的外贸代理人，通过互联网提供涵盖通关、物流、退税等所有进出口环节的一站式服务，提高了外贸全流程的效率。自2001年我国第一家外贸综合服务企业—达通公司成立以来，各地的外贸综合服务平台如雨后春笋般涌现，如浙江的世贸通、融易通、义乌通、中非经贸港等。外贸综合服务企业提供的专业外贸服务可以帮助中小微企业开拓国际市场，让它们集中资源在产品研发等核心环节，以更好地提高企业的市场竞争力。

<拓展阅读>

实现"三赢"的外贸综合服务企业——阿里巴巴一达通

成立于2001年的深圳一达通公司是我国首家外贸综合服务企业,该企业通过建立专业外贸服务平台,帮助大批中小微企业进入国际市场。一达通平台逐渐创造了"三赢"的局面:通过整合数万家企业的订单,可以形成集约化管理,对银行、物流公司、海关等基础服务机构而言,它们面对的就是一个虚拟大客户,出口流通环节便可以更低的成本和更高效的方式完成;对企业来说,可以借助一站式服务,大大降低出口、融资、物流等方面的成本,顺利地拿下订单,扩大出口量;而对一达通平台来说,因为手握大规模订单,可以整合国内外各项外贸服务资源、银行资源和物流资源,从而能提供更加全面、标准化的外贸服务。

2010年,深圳一达通公司被阿里巴巴公司收购,从此迎来了一个更加广阔的发展空间。2014年,一达通平台宣布推出免费代理出口服务,并反向补贴出口加工企业。根据阿里巴巴发布的补贴规则,如果一家企业通过一达通平台完成了100万美元的出口,可以获得阿里巴巴发放的高达3万元的补贴。这对一家中小企业,尤其是尚不具备出口资质的加工企业来说,其吸引力是巨大的。借助一达通平台,阿里巴巴从电商平台介入了境内外买卖双方的交易环节,能够获得全面的物流、报关等真实数据,这些数据的积累为大数据分析奠定了基础。阿里巴巴利用大数据打造信用保障体系,实行透明化的信息管理,买卖双方可以轻松地判断对方的诚信度和实力，从而更快地完成匹配，达成交易。同时外贸企业也可以通过这个信用体系更便捷地获得贷款和其他金融服务。

总而言之，跨境电商、市场采购贸易、外贸综合服务企业等外贸新业态新模式是互联网经济、平台经济、现代产业组织经济三种新模式在我国开放型经济领域的反映，其核心是更高效、更广泛、更专业地为国内外供需双方提供撮合和信息交互的空间，打破线上和线下、国内和国外之间的界限和障碍，以创新式服务平台枢纽塑造全新的合作分工关系。

我国从贸易大国迈向贸易强国，需要重点培育外贸新业态新模式。外贸新业态新模式的培育发展有利于发挥我国巨大的国内市场优势，集聚人才和技术，以高级生产要素融入全球生产网络，向全球价值链高附加值环节攀升，从而塑造对外贸易新型竞争优势。在外贸发展过程中，需要打造中国自主品牌、国际营销网络和企业家精神，不断提高产品的技术标准，增强国际市场竞争能力。[1] 推动我国对外贸易新业态新模式发展，首先需要健全与之相关的数据统计制度，统一统计对象、统计范围、统计标准等指标，充分发掘数据统计功能，为外贸实践提供准确指导；其次需要加强新型贸易基础设施建设，完善国际物流网络、国内保税仓、冷链物流、数据传输网、海外仓等的建设；再者，深化监管体制机制创新，完善海关、税务、外汇

---

1. 丁宁：《新时代中国培育贸易新业态新模式研究》，载《内蒙古财经大学学报》，第17卷，第5期，2019年9月5日。

等方面的配套政策，提高联合监管效率；最后需要促进区域协同发展，提高中西部地区试点覆盖率，健全配套产业支撑，形成错位发展、多元发展的格局。

二、着力提升服务贸易整体水平

"服务贸易"这个词听起来似乎比较陌生，但在我们生活中却比较常见。比如我们到国外旅游，需要吃住游玩，那么国外商家通过向我们提供这些服务而获得收入，这就是我国的旅游服务进口。来自世界各地的留学生到中国留学，他们缴纳学费和在中国国内消费，就是我国的教育服务出口。服务贸易与居民日常生活息息相关，不仅旅游服务、教育活动，还有文化活动、信息通信等，都属于服务贸易的范畴。

随着服务经济时代的到来，服务贸易在国际贸易中的地位不断上升，逐渐成为各国竞争的重要领域。联合国贸易和发展会议发布的数据显示，2020年我国服务贸易总额达到6617亿美元，位列全球第二，其中出口额达2806亿美元，在世界排名第四，占比为5.6%；进口额达3811亿美元，在世界排名第二，占比为8.1%。虽然我国服务贸易规模较大，但就现状来看，其发展仍面临着贸易逆差过大、贸易竞争力不强等问题。自金融危机爆发以来，我国服务贸易进口的增速远远高于出口，导致我国服务贸易出现逆差，根据商务部公布的数据，2009年我国服务贸易逆差额高达153.47亿美元。往后的几年，服务贸易逆差更是不断拉大，从2012年的797亿美元增加到2018年的2582亿美元，但近几年我国服务贸易逆差有所下降，2020

第⑤章　→ 转型升级谱新篇——培育新业态新模式增添新动能

年为1005亿美元左右。作为我国外贸转型升级的重要支撑，服务贸易是贸易强国建设中不可缺少的一环，同时在推进我国经济绿色发展和促进我国制造业向全球价值链中高端迈进方面发挥着至关重要的作用。因此，应将服务贸易摆在优先发展的位置，克服困难和短板，着力提升服务贸易竞争力和整体水平。

* 国家会议中心中国服务贸易发展成就展现场（新华社，记者陈钟昊摄）

（一）利用新业态新模式促进服务贸易转型

紧紧抓住数字贸易发展的大好契机，推动我国服务贸易企业高端化、数字化、智能化转变。这就需要鼓励企业增加科研方面的资金投入，提升服务业的附加值；推动软件和信息技术、数字创意、研发设计、供应链管理、知识产权、金融、教育、医疗健康、大数据等新兴领域的服务业发展；推动交通运输、旅游、建筑等传统服务业转型和升级，提高服务贸易企业的信息化、数字化、智能化水平。此外，目前由我国提出的"一带一路"倡议已经由点到面、由理念到现实逐步推广，得到越来越多国家的响应和认可，为了提高我国服务贸易的整体发展水平，要加强与"一带一路"沿线国家的合作，不断扩大中国服务的品牌和标准输出，让中国服务"走出去"。

（二）利用创新发展试点促进服务贸易升级

为了加快发展服务贸易，促进外贸转型升级，2016年，我国在天津、上海等15个地区开展了服务贸易创新发展试点，目的是探索适应服务贸易创新发展的体制机制和政策支持体系，从而促进服务贸易的创新和发展。具体措施就是创新服务贸易管理体制机制，出台一批探索性政策，率先在试点地区先行先试，同时政府加大支持力度，创造有利的制度和政策环境。2018年创新试点地区增加到了17个，经过了几年的发展，服务贸易创新发展试点取得了良好成效。2020年8月，商务部出台了新方案，我国新一轮服务贸易创新发展试点地区增加至28个，新方案围绕全面探索完善管理体制、全面探索扩大对外开放、全面探索提升便利水平、全面探索创新发展模式、全面探索健全促进体系、全面探索优化政策体系、全面探索完善监管模式、全面探索健全统计体系8个方面提出了122项具体举措。方案明确提出通过全面深化服务贸易试点，推进服务贸易管理体制机制的深层次改革，不断优化营商环境，使市场活力更加凸显；推动产业深度融合、集群发展，增强市场主体创新能力；利用服务贸易创新试点地区先发优势，引领全国服务贸易的升级，有力地促进对外贸易和经济高质量发展，为我国形成全面开放新格局、构建现代化经济体系作出贡献。

＜拓展阅读＞

中国（江苏）自由贸易试验区苏州片区

2019年，中国（江苏）自由贸易试验区苏州片区获批设立。两年来，苏州自贸片区紧跟"一带一路"建设和长江经济带建设的发展潮流，取得了一系列的发展成就：累计取得全国领先的创新成果超过100项，其中4项被评为服务贸易创新发展试点"全国最佳实践案例"，25项在全省推广。苏州自贸片区占地60.15平方公里，占全国自贸试验区面积的2.78%，2020年实际利用外资额占全国自贸试验区的4%，进出口总额占10%。苏州自贸片区充分发挥自身优势，不断引进外国优质服务业，为实现产业高端化转型而努力，着力打造全方位开放高地、现代化治理高地、高端化产业高地、国际化创新高地。

（三）利用深化对外开放促进服务贸易发展

服务贸易发展的基础在于服务业。近年来，尽管我国服务业发展速度很快，并且已经成为国民经济中的第一大产业，但是整体发展水平不高，高技术服务业发展尤其滞后，无法满足国民经济发展的要求。为了促进服务业的发展，我国不断提高服务业领域的对外开放水平。2015年北京成为全国第一个服务业扩大开放综合试点城市，2020年北京又获批准建设国家服务业扩大开放综合示范区，2021年上海、天津、重庆、海南也被批准开展服务业扩大开放综合试点。根据《中国统计年鉴—2021》，

2020年我国制造业和服务业实际利用外资金额分别为309.97亿美元和1072.00亿美元。可以看出，服务业的实际利用外资额已远远超过制造业，服务业已经成为我国对外开放的主要领域。为了夯实服务贸易的产业发展基础，应继续扩大服务业开放试点以及加强自贸试验区、自贸港建设，对标国际通行标准，加深金融、教育、文化等服务业的开放程度；在发展传统服务业的基础上，提高新型数字服务贸易的竞争力，加快推进国内相关管理体制机制改革，创造良好的营商环境，引进国际高端服务业企业投资，提高国内服务业发展水平，加快我国产业结构的优化进程。

三、创新增强数字贸易发展能力

随着经济社会分工不断深化，制造业、农业呈现服务化发展趋势，服务要素在投入和产出中的比重不断增长。但是传统服务由于需要供给方和需求方在同一环境下进行互动，服务的可贸易性就被大大限制。如今这种情况被彻底颠覆了，数字技术的出现和发展改变了服务的生产和提供方式，一些服务变得可储存、可复制，并且能在线上交付，服务的内容和范围大大扩张。正是数字技术推动着这些服务与传统制造业、农业深度融合，我们正在经历变革、见证变革。

（一）数字贸易与数字技术

近年来，大数据、云计算、区块链、人工智能等数字新技术的出现极大地促进了经济的数字化转型，不断推动数字经济的发展。数字经济的发展又带来了数字贸易的繁荣。提到数字贸易，我们会想到什么？是网络上吸引万千粉丝的韩剧和美剧，还是依靠数字技术转播的东京奥运会、北京冬奥会？但这些都只能算是数字贸易的一部分，数字贸易的范围远不止如此。那么到底什么是数字贸易呢？

一般来说，数字贸易是指依托互联网，以数字技术为手段，实现供需双方完成交易的新型贸易模式。数字贸易可以分为贸易方式数字化和贸易对象数字化。换言之，传统的贸易方式通过数字技术从物理世界向数字世界过渡，数字技术颠覆了传统贸易的贸易方式和贸易对象。

想象一下技术变革到来之前我们的生活是什么样子的，我们或许会在下班回家的路上去餐馆吃一顿晚饭，然后和朋友们三三两两结伴到剧院看一出舞台剧，最后在与朋友们的聊天中结束这一天的生活。但如今，无论是点餐、看剧，还是社交，我们都可以在小小的智能终端上实现。我们可以拿起手机，打开外卖App浏览菜品，然后使用电子支付下单，仅仅如此就实现了选品、订购和支付层面的数字化。而将需要与演员面对面才能观看的舞台剧替换成最新上线的影视节目也就实现了贸易对象的数字化。在国际贸易领域，贸易方式数字化是指数字技术与国际贸易开展过程深度融合，带来贸易中数字对接、数字订购、数字交付、数字结算等一系列变化。比如，我们通过京东全球购足不出户就可以买到原来只能去商店才能买到的国外产品。而贸易对象数字化指的是作为贸易标的的要素、产品和服务改以数据形式存在，贸易便从物理世界延伸至数字世界了。例如从前要使用国外的软件，只能购买存储程序的光盘，而现在就可以直接登录网站付费下载使用。

* 数字贸易的组成

  数字技术是数字贸易这座大厦的根基，可以说，没有数字技术，数字贸易就不会发展起来。具体而言，当前的数字贸易需要云储存、云计算等服务构筑基础，并通过数字平台服务串联各方要素和服务。数字平台可以将供需主体连接到一起，实现广域互联，大大提高数字贸易效率。例如，根据中国信息通信研究院发布的《数字贸易发展白皮书（2020年）》，苹果公司的手机应用市场App Store拥有近200万个手机应用，每周有来自175个国家的5亿人访问，苹果公司在全球运营了一连串的数据中心，从而使一款开发者开发的应用得以即时传送到175个国家的iPhone或iPad上。据统计，2019年App Store生态系统促成了5190亿美元的交易额，其中包括4130亿美元的实物商品和服务交易、610亿美元的数字商品和服务交易以及450亿美元的应用内广告销售额。数字平台可以细分为交易平台和创新平台。交易平台面向消费者，是具有在线基础设施的双边或多边市场，例如亚马逊、阿里巴巴和eBay等。海内外的买卖双方都可以会集在线上交易平台，进行商品交易。创新平台面向生产者，是为代码和内容生产商创造的开发应用程序和软件的环境。创新平台可以理解为工厂车间的在线化，例如操作系统Android或Linux，以及华为最新打造的鸿蒙系统。

（二）数字贸易的发展现状

尽管以中国、印度为代表的发展中经济体在数字贸易方面发展速度较快，但是目前全球数字贸易市场仍由发达经济体主导。联合国贸易和发展会议发布的数据显示，2010年发达经济体数字贸易出口额占世界数字贸易出口额的比重高达81.02%，这一数字在2020年为76.92%；发展中经济体数字贸易出口额占世界数字贸易出口额的比重由2010年的18.98%上升到了2020年的23.08%，10年间只有4.1%的增长。之所以有如此悬殊的发展差距，是因为数字贸易的发展依赖完善的数字基础设施、发达的数字产业和良好的数字经济发展环境。在这些方面，发达国家拥有绝对优势，而发展中国家由于受到数字基础设施不全、数字技术研发能力弱、营商环境较差等因素的影响，数字经济发展较为滞后。

2010—2020年各类经济体数字贸易出口规模及全球占比（单位：亿美元，%）

	发达经济体		发展中经济体	
	规模	比重	规模	比重
2010	15165.93	81.02	3553.05	18.98
2011	17260.11	80.53	4173.60	19.47
2012	17594.83	79.41	4561.07	20.59
2013	18847.01	79.37	4897.57	20.63
2014	20564.57	79.18	5408.03	20.82
2015	19707.90	78.34	5450.50	21.67
2016	20471.31	78.70	5541.78	21.30

续表

	发达经济体		发展中经济体	
	规模	比重	规模	比重
2017	22164.28	78.75	5981.06	21.25
2018	24335.34	78.10	6823.96	21.90
2019	25006.38	77.54	7245.03	22.46
2020	24364.27	76.92	7311.60	23.08

* 数据来源：联合国贸易和发展会议数据库

进入21世纪，我国数字贸易的发展取得了较大进步。商务部公布的数据显示，2020年我国数字服务进出口总额为2947.6亿美元，其中电信、计算机和信息服务领域的进出口额达937.3亿美元，占数字服务贸易进出口总额的31.8%，贸易顺差为278亿美元。由此可见，不论是进出口规模还是贸易顺差，都说明我国数字贸易具有很大的发展潜力。尽管如此，我国数字贸易与发达国家相比仍然存在较大的提升空间，不足主要表现为数字服务在服务贸易中的比重较低。联合国贸

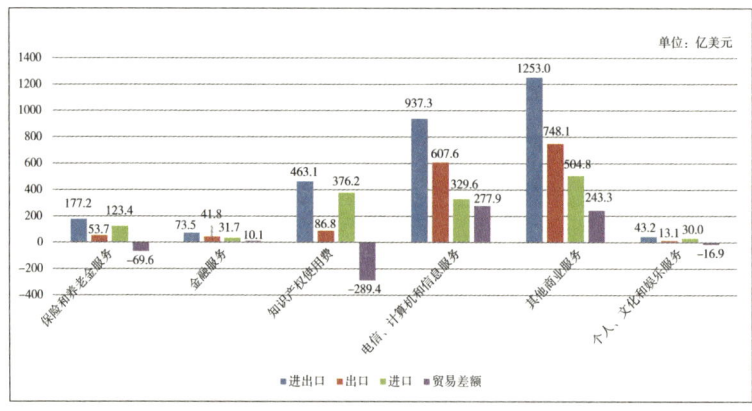

* 2020年我国服务贸易细分领域进出口概况。数据来源：中华人民共和国商务部

易和发展会议发布的数据显示，2020年，美国、英国、德国的数字服务出口在服务出口中的占比分别为75.6%、83.7%、65.6%，而我国的占比仅为55.0%。就2020年数字服务出口占世界数字服务出口的比重而言，美国、英国、德国的这一占比分别为16.8%、9.1%、6.4%，而我国的占比仅有4.9%。2020年以来，随着新冠肺炎疫情不断蔓延，数字经济和数字贸易受到了空前重视，世界各国纷纷制定政策促进本国数字贸易的发展。加快创新步伐，提升数字贸易竞争力也应成为我国当前必须要考虑的事情。

（三）数字贸易高质量发展

在发达国家主导全球数字贸易市场的背景下，我国应该结合自身数字经济发展所处的特定位置，针对目前发展中面临的问题，积极推动构建以创新为主导的数字贸易体系，推动我国数字贸易高质量发展。具体可以采取以下几类措施：

一是加快新型基础设施建设。数字贸易的发展有赖于以5G网络基础设施为代表的新型基础设施的建设。5G网络服务具有高速率、低延迟、可靠性强、覆盖范围广等优势。我们需要充分利用5G网络优势，加快5G基站的布设，同时促进5G通信技术与制造、交通、医疗、教育、农业等行业融合发展；持续推进工业互联网创新发展，加快工业互联网网络、平台、安全三大体系建设，持续完善工业互联网发展生态。

二是提升关键技术研发能力。为打造本国企业的核心竞争力，需要鼓励企业提升关键技术研发水平，聚焦集成电路、基础软件等重点领域，强化基础研究水平，提升原始创新能力，走在科技前沿，补足产业基础短板，打造产业竞争新优势。

三是优化营商环境。打破区域市场分割，实施公平透明的市场准入政策；优化数字政务服务能力，推进公共服务事项"一网通办"；加强和改进平台经济领域反垄断监管，严禁平台经济领域滥用市场支配地位排除或限制竞争；强化知识产权创造、保护、运用，加大侵权假冒行为惩戒力度。

四是支持数字服务业扩大开放。在北京、上海、海南自贸试验区进行试点，有序开放增值电信业务（包括数据中心、云服务的业务），支持外国企业来华投资兴业；创新安全制度设计，确保数据流动安全可控；加快推动公共数据开放，引导社会机构依法开放自有数据，支持在特定领域开展央地数据合作，推动政务数据与社会化数据平台对接。

四、努力迈向全球价值链中高端

我国经济的腾飞与对外开放的发展紧密相连，招商引资给我国带来了经济发展急需的资金、技术和管理经验，助力我国一跃成为全球货物贸易第一大国。在开放型经济发展中，我国不断融入全球经济，深度嵌入欧、美、日主导的全球供应链、产业链和价值链。中美贸易争端以及新冠肺炎疫情的暴发给全球价值链发展带来了巨大的冲击，但同时也给我国贸易带来了新的机遇。在当今时代，一国难以独立完成诸多高新技术产品的生产，需要几个乃至数十个国家的配合。波音飞机、智能手机等产品的生产均需要多家企业的配合。由于起步较晚，我国在全球价值链中的地位依然不高,产品的附加值还相对较低,在接下来的发展中应当努力跻身全球价值链的中高端。

(一)加强在关键领域的研发

核心技术是国之重器,在关键技术、核心技术上要自主创新、自立自强。习近平总书记多次强调掌握关键技术的重要性:"如果核心元器件严重依赖外国,供应链的'命门'掌握在别人手里,那就好比在别人的墙基上砌房子,再大再漂亮也可能经不起风雨,甚至会不堪一击。""只有把核心技术掌握在自己手中,才能真正掌握竞争和发展的主动权,才能从根本上保障国家经济安全、国防安全和其他安全。"以芯片生产为例,在中美贸易争端中,美国的芯片断供给我国相关产业带来了巨大的冲击,芯片产业已经成为我国必争的战略制高点。芯片制造的难度不亚于原子弹、氢弹,在极小的晶圆上铺满数亿乃至数十亿的二极管、三极管,其生产的各个流程工艺都很复杂,凝聚着世界各国最先进的技艺。芯片的应用涉及军工、民用的众多电子设备,是计算机、通信设备、家电、新能源汽车等的"大脑"和"心脏",我国必须迎难而上,通过资源的整合谋求技术的突破,摆脱"卡脖子"的困境。在促进核心领域研发方面,政府应当适当给予土地、税收等方面的政策优惠,同时加强对企业知识产权的保护,使企业能从研发中获益。

(二)加大对新兴产业的扶持

在传统行业数十年乃至数百年的发展过程中,西方发达国家已经构筑起坚厚的技术壁垒,我国在短期内很难超越。但是在新兴产业领域则不同，各国几乎处于同一起跑线，如果能够抓住机遇，大力扶持重点行业，我国就能取得长足进步。以汽车行业为例，欧盟的高端燃油车以及日本的廉价燃油车已经牢牢占据市场，我国很难在该领域取得重大进展，但是在新能源汽车领域中国车企却大有可为。我国拥有最庞大的汽车市场，如果能够合理布局、有效发展，很容易在该领域取得重大突破。5G技术的研发和应用也是如此。因此，我国应当加大对新兴产业的扶持力度，加快壮大新材料产业、新能源汽车产业、航空航天产业、现代信息技术产业等高新技术产业的发展，优化已有一定基础的新兴产业，谋划布局有潜力、有价值的新兴产业，实现"弯道超车"。例如，政府可以通过贷款贴息、充电站建设、税费减免、差价补贴等措施激发人们消费新能源汽车的热情，同时通过加大新能源汽车领域创新激励、拓宽融资渠道、降低融资成本等举措来降低新能源汽车企业的研发和生产成本。

（三）保证高端供应链的安全

新冠肺炎疫情加速了全球价值链阶段性收缩，使人员往来和经贸交流受阻，以往在全球范围内布局的产业受到巨大的负面影响。由于经贸发展的不确定性，全球原材料及中间投入品的价格急剧上升，其供给也变得不稳定，给世界经济复苏蒙上了阴霾。受疫情影响，以往全球布局的产业链开始转向区域，例如在北美、欧洲及东亚地区形成内向化的产业布局，规避高端产业链和供应链过长面临的潜在风险。我国作为"世界工厂"，制造业已深度嵌入全球价值链、产业链和供应链，在新冠肺炎疫情、能源危机中也不可避免地受到一定的冲击，智能手机、新能源等高端产业更是陷入缺"芯"的尴尬局面，产能随之下降。作为应对，我国可借助国内大市场来开发内需，扩大消费在经济发展中的重要作用，同时增加对外开放的层次和深度，通过《区域全面经济伙伴关系协定》的签署及申请加入《全面与进步跨太平洋伙伴关系协定》（Comprehensive and Progressive Agreement for Trans-Pacific Partnership, CPTPP）来改善我国经贸发展的外部环境，增加同周边国家的经贸往来，为高端供应链和产业链的稳定提供保障。

第 6 章

百年变局抓机遇

——增强定力应对外部环境新挑战

当前,百年变局和世纪疫情交织叠加,世界进入动荡变革期,不稳定性不确定性显著上升。……我们所处的是一个充满挑战的时代,也是一个充满希望的时代。

——国家主席习近平在博鳌亚洲论坛2021年年会开幕式上的视频主旨演讲(2021年4月20日)

第⑥章 　百年变局抓机遇——增强定力应对外部环境新挑战

当今世界风云变幻，逆全球化势力不断抬头，新冠肺炎疫情久久难以控制，全球经济增速放缓，我国经济贸易发展面临着巨大的外部挑战，同时也潜藏着巨大的发展机遇。发扬筚路蓝缕、以启山林的精神，保持空谈误国、实干兴邦的警醒，直面外部环境挑战，我国必然能创造中华民族新的更大奇迹。

一、积极推动建设开放型世界经济

开放带来进步，封闭必然落后。最近十几年，我国对外开放的程度不断加深、水平不断提升，搭建"一带一路"沿线合作平台、成立自由贸易试验区、积极参与双边和地区经贸协定谈判、举办中国国际进口博览会等举措无不彰显我国大力度、高质量建设开放型经济的决心。然而，我国的对外开放之路并非一帆风顺，新冠肺炎疫情蔓延也极大地阻碍了各国之间的人员、货物及资金往来。在此背景下，我国更应坚定对外开放，积极应对经济全球化过程中遇到的新挑战、新问题，以高水平开放促进经济高质量发展，为世界经济发展注入新的活力，不断为推动建设开放型世界经济作出贡献。

（一）发起"一带一路"倡议

2013年9月和10月，国家主席习近平在访问中亚和东南亚国家期间，结合我国古代同东南亚及中亚地区通过"丝绸之路"进行贸易往来的历史，先后提出了建设"丝绸之路经济带"和"21世纪海上丝绸之路"的合作倡议。2013年11月，党的十八届三中全会第一次将"一带一路"上升为国家战略，会议

建设 贸易 ─────→ 强国

通过的《中共中央关于全面深化改革若干重大问题的决定》指出"加快同周边国家和区域基础设施互联互通建设，推进丝绸之路经济带、海上丝绸之路建设，形成全方位开放格局"。"一带一路"倡议立足当下，始于千年前的经济文化交流。早在汉唐时期，中国同"一带一路"沿线国家便建立了友好的经贸联系，唐末来自东南亚中南半岛的占城稻沿海上丝绸之路传入中国，在宋朝时期广泛种植，如此才有了"苏湖熟，天下足"的说法。近年来，随着我国在水稻育种方面取得重大成就，我国先进的水稻种植技术开始走出国门，走到占城稻的故乡，与当地自然禀赋结合孕育出优质稻米，使当地实现稻米自产自足并进一步出口到世界各地。"一带一路"给我国同沿线国家的经贸合作带来了新的机遇，也为世界的和平发展播下了希望。

＜拓展阅读＞

东西方文明交流的重要桥梁——古丝绸之路

自张骞出使西域完成"凿空之旅"，至唐、宋、元陆海丝绸之路同步发展，再到明代郑和七下西洋，一代又一代人构架起了绵亘万里、延续千年的古丝绸之路。古代丝绸之路跨越世界四大文明发源地，阿拉木图、长安等重镇和良港欣欣向荣，罗马、安息等古国生机勃勃。它不仅是一条通商易货之道，更是一条知识交流之路。经由古丝绸之路，中国将丝绸、瓷器传到西方，又将胡椒、亚麻、香料等带回中国；中国的四大发明、养蚕技术传向世界，佛教、伊斯兰教以及阿拉伯的天文、历法、医药又传入中国。"使者相望于道，商旅不绝于途"的陆上丝绸之路和"舶交海中，不知其数"的海上丝绸之路积淀了以和平合作、开放包容、互学互鉴、互利共赢为核心的丝路精神，促进了地区兴旺发达、繁荣发展。

"一带一路"将发达的欧洲经济圈与活跃的东亚经济圈串联起来，同时又涵盖了广阔的中间腹地，形成了畅通亚洲、非洲与中东欧的广阔大市场，对人类命运共同体的构建起到了巨大的推动作用。除了传统的海上运输外，中欧班列的开通加深了亚欧间的经贸联系，开拓了贯通东西的运输新通道，对中欧及"一带一路"沿线经济体的发展意义重大。"一带一路"发展中规划建设的中蒙俄、新亚欧大陆桥、中国—中亚—西亚、中国—中南半岛、中巴、孟中印缅六大经济走廊，将有助于进一步加强我国同亚欧非各国的经贸合作。"一带一路"将我国同亚欧非各国紧密联系起来，打开了我国对外交往的新局面，在一定程度上打破了美国主导的全球化格局，增强了我国在区域乃至全球事务上的话语权。

<拓展阅读>

中巴经济走廊

中巴经济走廊是"一带一路"倡议的重大项目和先行项目，北承丝绸之路经济带，南接21世纪海上丝绸之路，于2013年开始建设，将成为贯通南北丝路的关键枢纽和贸易走廊。中巴经济走廊始于新疆喀什，终于巴基斯坦瓜达尔港，全长3000公里，包括公路、铁路、油气和光缆通道，其建设以瓜达尔港、能源、交通基础设施、产业合作为重点。在中巴经济走廊建设中最值得一提的是瓜达尔新国际机场项目，该项目对进一步加强中巴经贸合作关系，升华中巴友谊，推动中巴经济走廊建设进入充实、拓展的新阶段产生积极作用。

（二）成立亚洲基础设施投资银行

2014年10月24日，21个意向创始成员国在北京签约，决定成立亚洲基础设施投资银行，次年12月25日亚投行正式成立。亚投行是政府间性质的亚洲区域多边开发机构，重点支持基础设施建设，以强化亚洲各国、各地区的合作与交流及推进亚洲各国、各地区的互联互通为宗旨。亚投行的成立，对有很大基础设施建设融资需求的发展中国家及新兴市场而言，是在经济下行压力加大时有助于稳定本国经济平稳运行的一剂良

* 位于北京金融街的亚洲基础设施投资银行总部大楼前的石碑（新华社，记者李鑫摄）

药；对整个亚洲区域而言，是在金融市场较为动荡之时，维护区域内金融稳定和促进经济转型升级的内生动力。同时，亚投行的创设有利于推进区域互联互通及区域合作发展，进而推进亚洲经济一体化进程。截至2021年10月，共有104个国家加入亚投行。亚投行已为菲律宾、印度、巴基斯坦等国的项目提供了资金，涉及天然气基础设施、高速公路、宽带网络和电力系统等方面。

（三）设立自由贸易试验区

自由贸易试验区是我国全面深化改革和扩大开放的试验田。通过建设自贸试验区能够促进就业、增加外汇收入、吸引海外投资、获取先进技术，并形成示范效应和溢出效应，带动其他地区发展。为了更好地推动对外开放，我国在全国范围内陆续成立了自由贸易试验区。自贸试验区的成立对接高标准国际前沿经贸规则，将推动和引领我国新一轮对外开放。2013年9月29日中国（上海）自由贸易试验区正式成立，自贸试验区内对外国货物实行免税进口，取消对进口货物的配额管制，同时采用"准入前国民待遇＋负面清单"的招商引资新模式。随后国务院先后批复了广东、天津、福建等省市建立自贸试验区；2018年10月16日，国务院发布《关于同意设立中国（海南）自由贸易试验区的批复》，批准在海南岛全岛设立自贸试验区；2020年9月21日，北京、湖南、安徽三省获批设立自贸试验区，至此，我国自贸试验区的范围扩大至21个省及直辖市。随着规模的扩大，自贸试验区内对外开放的力度也不断加大。自贸试验区作为先进制度的试验田，建设以来先后形成了260余

* 中国（上海）自由贸易试验区标志门（新华社，记者方喆摄）

项制度创新，通过复制成果经验到其他地区，极大地带动了我国经济的整体发展。自由贸易试验区是我国先行先试、深化改革、扩大开放的重大举措，对我国的制度创新及营商环境改善具有重要意义。

（四）签署双边和区域自由贸易协定

世界贸易组织于2001年在多哈举行新一轮的多边贸易谈判，然而在农业和非农产品市场准入方面各方存在较大分歧，使令各方均得到好处而又尽量避免损失的平衡协议难以达成，最终于2006年7月经世界贸易组织总理事会批准后正式中止。多边谈判受阻后，全球范围内双边和区域贸易协定签署量不断提升，表明各国为进一步削弱贸易与投资壁垒，推动经济与贸易发展而作出不懈努力。

为了构筑起立足周边、辐射"一带一路"、面向全球的自

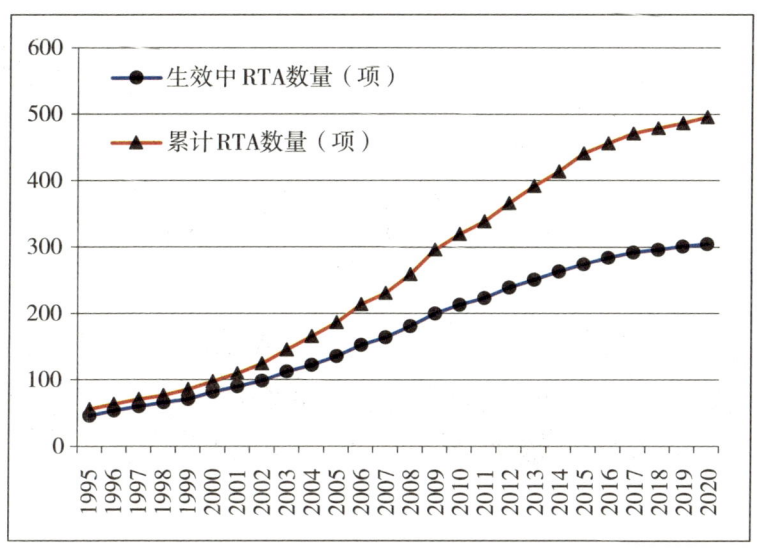

* 1995—2020年全球累计和生效中区域贸易协定（RTA）数量变化趋势。数据来源：世界贸易组织区域贸易协定数据库

由贸易区网络，国务院在2015年印发了《关于加快实施自由贸易区战略的若干意见》，积极推进自贸区建设的进程。截至2021年8月，我国已经与韩国、澳大利亚等26个国家和地区签署了19个自由贸易协定。值得一提的是，2020年11月15日在第四次区域全面经济伙伴关系协定领导人会议后，中国、东盟10国、日本、韩国、澳大利亚、新西兰共15个亚太国家正式签署了《区域全面经济伙伴关系协定》，为我国经贸的进一步发展提供了广阔的海外市场，创造了和谐的外部环境。此外，2020年12月30日，中欧共同宣布如期完成中欧投资协定谈判，该协定的签署将为中欧双边投资提供更高质量的营商环境和更高水平的市场准入，虽然受政治因素影响该协定已被冻结，但中欧之间的经贸合作不会中断。

建设 贸易 ⎯⎯→ 强国

* 《区域全面经济伙伴关系协定》（RCEP）签署仪式现场（新华社/越通社）

2021年9月16日，我国正式提出申请加入《全面与进步跨太平洋伙伴关系协定》。该协定在诸多领域实现了超出WTO的规则创新，覆盖了知识产权、政府采购、竞争、国有企业、环境、服务贸易等更多领域，能够显著降低企业的跨境经贸活动成本。申请加入该协定展现了我国对外开放的决心，有望为我国持续开放提供新动力。双边和区域自由贸易协定的谈判和缔结，在一定程度上削减了我国商品出口面临的关税与非关税壁垒，有助于我国企业"走出去"，同时也加深了我国同其他经济体之间的政治和经贸关系。

（五）举办中国国际进口博览会

2018年11月5日，首届中国国际进口博览会在上海国家会展中心开幕；2021年11月10日，随着第四届进博会完美闭幕，我国已连续成功举办四届进博会。中国国际进口博览会由

第 ⑥ 章 → 百年变局抓机遇——增强定力应对外部环境新挑战

习近平总书记亲自谋划、亲自推动,对我国经贸发展具有重大意义。党的十九大以来,我国社会的主要矛盾由人民日益增长的物质文化需要同落后的社会生产之间的矛盾转变为人民日益增长的美好生活需要和不平衡不充分的发展之间的矛盾。随着我国经济的发展和居民收入的不断提升,人们的消费需求逐步向更高层次转变,通过进口能够从全球范围内引进大众所需要的产品,解决国内市场供需不平衡的问题,推动国内消费升级,满足人民对美好生活的向往,增进民生福祉。

随着科技的不断发展,汽车、手机、飞机等诸多产品的生产变得更复杂,其研发、设计、零部件制造与组装、营销、售后服务等环节很难由一个国家独立完成,而是形成了庞大的全球价值链、供应链和产业链。通过参加进博会,我国企业能够接触和引进海外优质的中间投入品、先进生产工艺和设备,进

* 2018年11月5日首届中国国际进口博览会在上海举办(新华社,记者陈飞摄)

而提高我国商品的质量，提升其在国内外市场的竞争力，促进供给侧结构性改革。与此同时，进博会中海外优质产品的引入能够产生"鲇鱼效应"，倒逼我国效率低下的生产企业进行改革，通过开发先进工艺、深耕核心技术，生产出更能满足消费者多层次、多样化需求的产品。此外，在进博会上推介的海外优质企业及高质量产品能够激发国内企业的研发动力，为国内企业的发展指明方向，有利于减少企业的试错成本。

从我国过去20年间的进出口贸易额变动趋势可知，2001年以来我国出口始终高于进口，对外贸易长期维持顺差状态，并且对外贸易顺差的规模不断增加，而通过举办进博会扩大进口规模，有助于平衡贸易收支，改善与其他国家的贸易关系，减少贸易摩擦。

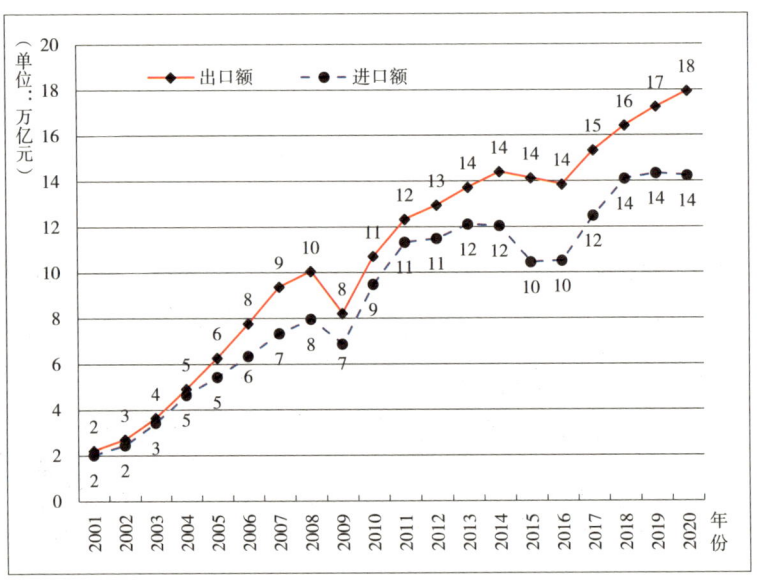

* 2001—2020年我国进出口贸易变动情况。数据来源：中华人民共和国海关总署

二、积极应对主要经济体间贸易摩擦

国家主席习近平在世界经济论坛2017年年会开幕式上的主旨演讲中强调:"世界经济的大海,你要还是不要,都在那儿,是回避不了的。想人为切断各国经济的资金流、技术流、产品流、产业流、人员流,让世界经济的大海退回到一个一个孤立的小湖泊、小河流,是不可能的,也是不符合历史潮流的。"近年来逆全球化势力有所抬头,贸易摩擦频发,但我们不能因此而退缩,而要积极应对,坚定不移推进高水平对外开放。

(一)我国近年贸易摩擦的现实背景

在航海事业大发展后的数个世纪里,葡萄牙、西班牙、荷兰、英国、美国等国在全球化浪潮中迅速崛起,日本、韩国也依托全球化成为发达国家。然而随着2008年美国次贷危机以及随后的欧债危机的爆发,人们发现经济危机随着全球化的链条蔓延开来,且一些发达国家认为全球化使得本国产业向劳动力成本相对低廉的发展中国家转移,继而造成其内的失业率上升,逆全球化的思潮随之浮现。美国在时任总统特朗普执政时期,相继引发同中国、日本、欧盟等多个国家和经济体的贸易争端,并退出了一系列的多边组织。而后,英国也宣布退出欧盟,这给全球化的发展蒙上了一层阴影。

1995年世界贸易组织成立以来,每年全球贸易争端的数量随着世界经济发展状况波动而变化。WTO成立初期全球贸易争端案件数量居高不下,这与美日的贸易竞争有关,主要涉及双方在汽车和纺织品方面的摩擦;中国"入世"一段时间后，全球贸易争端案件数量有所下降，这与全球经济的繁荣发展息息相关；在美国次贷危机及欧债危机后，随着欧美经济发展放缓，全球贸易争端又有所抬头；特朗普上台后，大肆利用关税和非关税措施挑起贸易争端，全球贸易争端案件急剧增多；2020年由于新冠肺炎疫情的影响，货物和人员流动受阻，各国疲于应对突如其来的疫情，全球经贸发展有所放缓，全球贸易争端案件仅有5起，为WTO成立以来的年度最低值。

1995年至2020年全球共有598起贸易争端案件，争端案件数量排名前五的经济体依次是美国、欧盟、中国、加拿大、

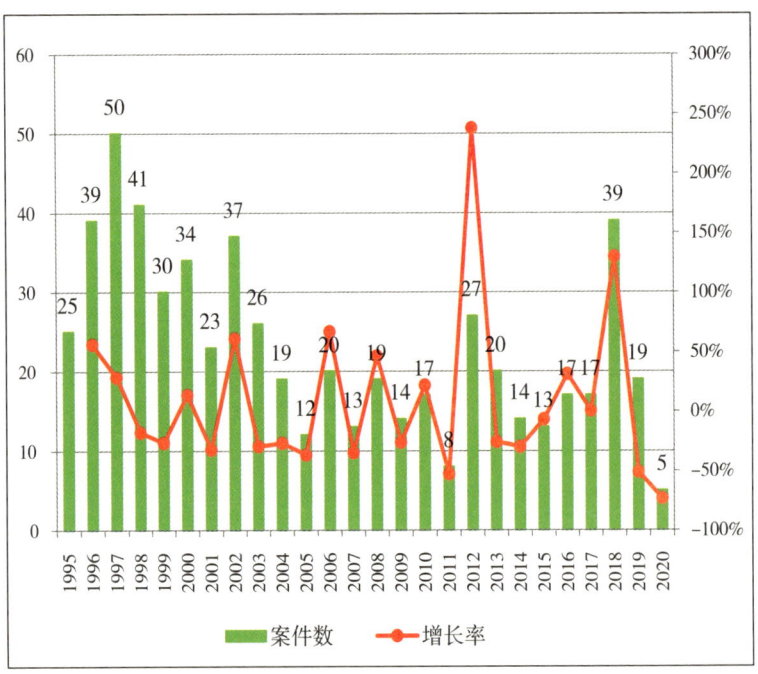

* 1995—2020年全球贸易争端案件变化趋势。数据来源：世界贸易组织

印度，这五个经济体都是全球贸易的重要参与者。从贸易争端案件的分布来看，美国作为起诉方的案件有124起，作为应诉方的案件有156起，两项合计280起，占全球贸易争端案件总数的46.82%；欧盟作为起诉方的案件有104起，作为应诉方的案件有87起，共计191起，占全球贸易争端案件总数的31.94%；中国作为起诉方的案件有21起，作为应诉方的案件有45起，共66起，占全球贸易争端案件总数的11.04%，直接牵涉中国的贸易争端案件数远远低于美国和欧盟，仅为美国的1/4、欧盟的1/3；此外，从作为起诉方和作为应诉方的频次的比值来看，中国是前五名中数值最低的，仅约为0.47，这表明我国作为起诉方主动维护自身贸易利益的频次较低，我国应用WTO争端解决机制维护自身贸易利益的能力和积极性有待提高。

1995—2020年全球主要经济体贸易争端案件分布情况

经济体	作为起诉方	作为应诉方	合计	占比
美国	124	156	280	46.82%
欧盟	104	87	191	31.94%
中国	21	45	66	11.04%
加拿大	40	23	63	10.54%
印度	24	32	56	9.36%
巴西	33	17	50	8.36%
阿根廷	21	22	43	7.19%
日本	27	16	43	7.19%
墨西哥	25	15	40	6.69%
韩国	21	19	40	6.69%

* 数据来源：世界贸易组织

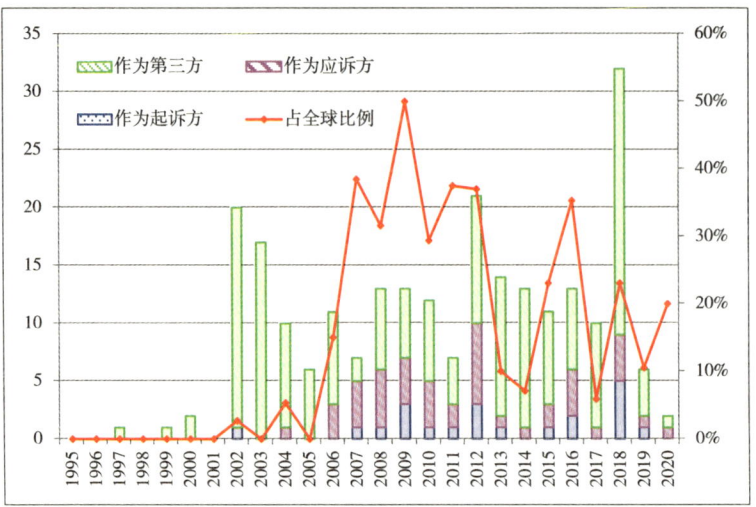

* "入世"前后涉及中国的贸易争端案件统计。数据来源：世界贸易组织

就我国在每起贸易争端案件中的身份（起诉方、应诉方和第三方）而言，在"入世"前（1995—2001），我国不能以起诉方和应诉方的身份出现在贸易争端案件中，仅以第三方身份介入少量的贸易争端案件；在"入世"后前5年（2001—2006），为了给中国一定的适应时间，我国作为起诉方和应诉方在贸易争端案件中出现的频次相对较少，但开始频繁以第三方的身份介入贸易争端案件；美国次贷危机后，随着欧美经济增速放缓，欧美国家利用贸易争端机制维护自身产业发展及就业的情况越来越多，2009年中国作为起诉方和应诉方的贸易争端案件数量达到历史最高，随后有所下降；特朗普上台后开始实行一系列逆全球化措施，肆意挑起贸易争端，牵涉我国的贸易争端案件数量有所上

升；2020年由于新冠肺炎疫情我国仅有1例被澳大利亚起诉的案件。

通过分析中国作为起诉方和应诉方的贸易争端案件情况可知，一方面，在21例我国提起诉讼的案件中，起诉的对象是美国、欧盟、意大利和希腊，一般是我国在被起诉后实施的反制措施。美国是我国主要的起诉对象，相关案件达16起，占起诉案件总数的76.19%；我国起诉欧盟的案件有4起，占比为19.05%。另一方面，我国被起诉的案件远多于我国起诉的案件，并且起诉我国的经济体更加分散，有美国（23起）、欧盟（9起）、墨西哥（4起）、加拿大（4起）、日本（2起）、危地马拉（1起）、澳大利亚（1起）、巴西（1起），其中被美国起诉的案件数量占我国被起诉案件总数的51.11%。综上所述，不论中国作为起诉方还是作为应诉方，美国均是最常与我国产生贸易摩擦的国家；我国被起诉的案件远多于起诉的案件。

（二）中美之间贸易摩擦的战略博弈

2017年时任美国总统特朗普就职后，开始通过关税和非关税壁垒限制我国商品进入，我国随之进行反制，继而引发数轮的报复性关税加征，且争端一度从贸易领域延伸至跨国投资、前沿科技、高等教育等领域。美国挑起中美贸易争端，从表面上看是为了缓解对华贸易顺差，实质上是为了更好地发展其国内产业，降低本国的失业率，以及利用争端作为筹码更好地打开我国市场。

中美贸易争端，又称中美贸易摩擦，是当前中美经济关系中最重要的议题。由于我国和美国分别是全球第一贸易大国和第二贸易大国，中美贸易争端也是全球贸易中的重要事件，除影响中美贸易外，也对中、美与其他国家的贸易往来产生了巨大的影响。2018年3月22日，特朗普签署总统备忘录，对来自中国的产品加征关税，次日我国对来自美国的部分商品中止关税减让，接下来中美双方经历了数轮关税加征。美国对我国加征关税主要是为了限制我国的科技发展，因此涉及的主要是新能源、新材料、高铁装备、航空产品等高科技领域，并限制美国高端制造产品出口至我国；我国对美国实施的关税加征主要集中在农产品和一些资源型产品，例如猪肉、大豆、干果、废铝等。此外，中美贸易争端不仅局限于贸易领域，更进一步延伸到跨国投资：美国以国家安全为由禁止我国企业在美的并购及投资，并出台制造业回流政策，鼓励美资企业从中国撤离。

美国挑起针对我国的贸易争端，其真实意图主要有以下几点：

一是迫使中国大幅度让步以开拓中国市场。为了缓解美国对华贸易逆差，美国挑起纷争，欲促使我国扩大从美国的进口，如此便能为其产品打开销路，开拓中国市场。

二是迫使美国企业回到美国本土投资。当美国对来自我国的产品增加关税后，为了规避高昂的税费，一批平台型的跨国投资将会转移。以洗衣机为例，当美国增加韩国制洗衣机的关税后，其生产转移至中国；当美国进一步增加产自中国的洗衣机的关税后，生产又转移至越南等东南亚国家；当美国对源自美国以外所有国家的洗衣机增加关税后，生产便会转移至美国本土。美国企图通过以关税和非关税壁垒为代表的措施，实现制造业回流，提高本国的就业率。

三是遏制中国高科技产业的快速崛起。"入世"后，我国经济飞速发展，创造了许多经济奇迹，预计将来中国的GDP会超越美国。我国的快速崛起在一定程度上挑战了美国的霸权地位，美国便通过贸易争端限制中国高科技产业的发展。美国一方面提高来自中国的高科技产品的关税，限制中国高科技产品的出口；另一方面限制美国的高科技生产设备（如光刻机）及中间投入品（如芯片）出口至我国，继而打压中国高科技产业的发展。

四是迫使制造业转移来削弱中国实力。在美国对我国产品增加关税后，中国出口产品在美国进口产品中的比例有所降低，而同期来自韩国、日本、中国台湾、东盟的出口产品在美国进口产品中的比例均有所上升。换言之，中美贸易争端的爆发，使美国从中国的进口转移到我国周边的国家和地区，继而将影响我国经济发展。

五是迫使中国在其他领域也作出让步。随着局势的发展，中美之间的摩擦已不再局限于贸易领域。美国在跨国投资方面限制对华投资，加大对我国对美投资的安全审查，减少中国留学生名额，对华为、中兴等中国高新技术企业进行制裁，限制我国5G技术、芯片产业的发展……中美贸易争端显示出中美大国博弈的新态势。

（三）我国应对贸易摩擦的重大举措

美国肆意挑起贸易争端，践踏多边贸易规则，是经贸全球化发展的倒退；同时贸易争端也是一件"伤敌一千、自损八百"的事情，因本次争端我国对美国的出口被极大地限制，蒙受巨大的贸易损失，同样美国对我国加征关税后国内物价水平有所上升，本土制造业就业人数的增加也十分有限。在对外经贸发展中，我国应尽量规避贸易争端，避无可避之时也应积极应对，展现我国捍卫经贸利益的决心，避免重蹈日本签署《广场协议》的覆辙。

一是积极运用争端解决机制维护我国正当权益。作为WTO"皇冠上的明珠"的争端解决机制保障多边贸易体制正常运行，在缓解、消除全球贸易摩擦和冲突方面起到重要作用。[1]在未来国际贸易发展中，我国应当积极利用WTO贸易争端解决机制维护我国经贸的核心利益，并且在WTO改革中积极争取对发展中国家经贸发展有利的制度和规章。

二是构建广泛的利益共同体。中美贸易争端告诉我们"鸡蛋不能放在一个篮子里"，我国应借助"一带一路"以及双边和区域贸易协定积极拓展市场，使出口市场更多元化、投资更分散化，减少对单个国家的依赖，在未来的对外贸易发展中寻求更多贸易伙伴，规避潜在的制裁和断供风险。在发展同欧美国家等发达经济体经贸合作的同时，还应当加强同亚洲、非洲、南美洲等地区国家的经贸合作，这不仅有助于扩大我国的贸易规模，也有利于应对突如其来的贸易制裁。

三是维护国家尊严，实施对等反制。美国的制裁对我国经济的发展带来一定的负面影响，针对美国单方面挑起贸易争端，我国应通过实际行动让对方看到我国捍卫合法、合理经贸利益

---

1. 马妍妍、展金泳、林桂军：《WTO框架下的全球贸易争端研究》，载《国际贸易》，第1期，2020年1月28日。

的决心。美国和中国分别是全球第一大和第二大经济体，两国之间的经贸关系直接关系到全球经贸的发展，要让美国充分意识到，中美经贸关系缓和，才能推动双方、亚太地区乃至全球的经济和贸易的发展。

<拓展阅读>

WTO争端解决机制

WTO争端解决机制被誉为世界贸易组织"皇冠上的明珠"，在缓解贸易摩擦、维护多边贸易体制方面具有举足轻重的地位。WTO设立了专门的管辖机构，按照特定且统一的程序在规定的时限内对提起的诉讼进行审理，其裁决的执行力度更大、效力更强，因其中立、权威、公正而广泛受到各经济体认可。"入世"后20年间，我国也利用WTO争端解决机制提起了21项诉讼，维护了自身的合法利益。然而，该贸易争端机制多为发达国家运用，发展中国家较少借助该机制解决国际贸易纠纷，并且该机制中上诉、举证及报复制度等方面存在一定的缺陷，因此在未来的WTO改革中我国应积极推动制定有助于发展中国家经贸发展的举措和条例。

三、有效减小新冠肺炎疫情持续影响

突如其来的新冠肺炎疫情给全球经济发展带来巨大的冲击，与以往的疫情不同，新冠肺炎疫情并没有在短期内结束，如果不能有效解决疫情带来的问题，全球经贸就很难真正复苏。

在此次新冠肺炎疫情中，我国切实践行人民至上、生命至上的理念，迅速作出反应，通过多措并举遏制了病毒的蔓延。尽管在前期的抗疫过程中我国的对外经贸发展受影响，但由于应对得当，国内疫情得到了有效控制，2020年中国成为世界唯一实现经济正增长的主要经济体。虽然目前我国在疫情防控方面取得了巨大成就，但在全国各地时有疫情零星暴发，仍然影响着人们的生产生活，抗疫形势依然十分严峻。鉴于新冠肺炎疫情将对我国经贸发展产生持续的影响，我国应当继续努力做好相关应对工作，尽量减轻疫情对外贸发展的影响。

（一）加强国际组织合作，合力应对疫情挑战

新冠肺炎疫情凸显多边合作的重要意义，通过多边合作平台共同协商全球性议题、共同制定国际规则符合绝大多数国家的利益。中国应积极支持国际发展机构，全力维护多边主义，在力所能及的范围内通过增加核心捐款和指定用途捐款、建立信托基金等方式大力支持世界卫生组织和其他重要的多边发展机构，从而提升我国在全球重大发展议题应对上的影响力。发展中国家，特别是非洲国家的公共卫生体系薄弱，帮助这些国家提升疫情防控能力和水平是全球抗疫的重中之重，我国可以在保障国内疫情有效控制的前提下支援各国抗击疫情，助力各国经济社会恢复发展。

（二）着力稳外贸稳外资，助力企业解危纾困

在新冠肺炎疫情暴发早期，一些国家对来自我国的商品进行进口限制，加大检验检疫力度，给我国外贸及外资造成一定

冲击。在此背景下，2020年4月我国交通运输部、商务部、海关总署等七个部门发布了《关于当前更好服务稳外贸工作的通知》，同年8月国务院办公厅又发布了《关于进一步做好稳外贸稳外资工作的意见》，随后各省纷纷出台关于稳定外资外贸发展的文件。各项政策的出台在一定程度上遏制了我国外资外贸的下滑，并助其在我国疫情得到控制后迅速增长，甚至超越疫情前的水平。受严峻疫情形势的影响，国外大量生产中断，我国获得了大量的订单，产能有了大幅提升，但是也要警惕海外生产恢复后国内可能出现的产能过剩问题。新冠肺炎疫情对外资外贸企业来说是挑战，同时也是机遇，如果能够帮助企业有效应对，我国的外贸发展将会再上新台阶。

（三）加强卫生领域沟通，恢复产业链完整性

新冠肺炎疫情的暴发使以往布局全球的产业链、生产链、供应链部分环节有所中断。我国大多数行业处于全球价值链的中游，十分依赖海外上游企业提供原材料和中间投入品，但疫情期间人员及货物的跨境流动受阻，我国外资外贸企业生产运营受到不同程度的冲击，因而开始在国内搜寻其生产所需的原材料和中间投入品。然而，一些高端的中间投入品仍需从境外采购，因我国难以在短期内突破技术壁垒或者扩大这些中间投入品的生产规模。为此，我国需要在卫生领域加强同主要经济体的沟通协作，以便我国获取高质量的中间投入品。鉴于日、韩与我国同属东亚文化圈，在习俗、生活方式、经济发展路径方面相似度较高，并且日、韩在全球产业链和供应链中从事大量不可或缺且难以替代的产品的生产

制造，我国可加强同日、韩两国的抗疫合作，同时协同纾解疫情对外资外贸合作带来的负面冲击，接续"断链"环节，保证我国产业链、生产链和供应链顺利、平稳运转，促使经济早日从疫情中恢复。

第 7 章

关键一招开新路

——构建新发展格局增强竞争新优势

企业家要立足中国，放眼世界，提高把握国际市场动向和需求特点的能力，提高把握国际规则能力，提高国际市场开拓能力，提高防范国际市场风险能力，带动企业在更高水平的对外开放中实现更好发展，促进国内国际双循环。

——习近平总书记在企业家座谈会上的讲话（2020年7月21日）

第⑦章 → 关键一招开新路——构建新发展格局增强竞争新优势

2021年3月正式发布的"十四五"规划提出，要"加快构建以国内大循环为主体、国内国际双循环相互促进的新发展格局"。这一新发展格局重点强调了国内循环对未来我国经济发展的重要性。在新冠肺炎疫情的冲击下，世界各国相继陷入经济衰退泥潭，我国的国外供应链面临断裂风险，过去主要依赖国际循环的发展模式也受到了严峻挑战。虽然我国经济正持续从疫情中恢复，但海外的疫情蔓延却愈演愈烈，受疫情和地缘政治因素的叠加影响，我国外贸环境的不确定性进一步加强，对外贸易面临着巨大的下行压力。新发展格局强化国内大循环的主导作用，其构建将有助于推进制造业转型升级，促进进口和出口协调发展，推动我国贸易结构升级，助力贸易强国建设。[1]

一、"双循环"新发展格局的内涵

（一）构建"双循环"新发展格局的战略抉择

构建以国内大循环为主体、国内国际双循环相互促进的新发展格局，是党中央审时度势作出的科学之举和重要战略抉择。2020年5月14日召开的中共中央政治局常委会会议首次提出，要深化供给侧结构性改革，充分发挥我国超大规模市场优势和内需潜力，构建国内国际双循环相互促进的新发展格局。紧接着在5月23日，习近平总书记在看望参加全国政协十三届三次会议的经济界委员时再次指出，着力打通生产、分配、流通、

---

1. 林桂军、郭龙飞、展金泳：《"双循环"对我国对外贸易发展的影响与对策》，载《国际贸易》，第4期，2021年4月28日。

消费各个环节，逐步形成以国内大循环为主体、国内国际双循环相互促进的新发展格局，培育新形势下我国参与国际合作和竞争新优势。其后在7月21日，习近平总书记在企业家座谈会上进一步阐释了"双循环"新发展格局的基本内涵。2021年3月，加快构建以国内大循环为主体、国内国际双循环相互促进的新发展格局正式被纳入《中华人民共和国国民经济和社会发展第十四个五年规划和2035年远景目标纲要》。

国内循环和国际循环并不是相互替代的关系，而是相互促进、相互交融的辩证统一关系。国内大循环的发展有助于提升我国在国际上的地位和竞争力，而积极参与国际循环又能助力企业提高其在国内外市场的影响力，促进企业在全球更好地发展。因此在构建"双循环"新发展格局中，一方面要确保国内大循环的主体地位，畅通国内大循环始终是党和政府中长期经济工作的重心，要深化供给侧和需求侧改革，推动机制体制创新，实现产业升级和消费升级；同时要重视国际循环的重要性，使国际循环能为我国经济发展提供更大空间和更多动力，最终实现国内国际双循环相互促进。

（二）构建"双循环"新发展格局的目的

改革开放以来，一方面，我国与发达经济体之间形成了以产业分工、贸易、投资、资本间接流动为载体的循环体系；另一方面，我国与亚非拉发展中经济体之间又形成了以贸易、直接投资等为载体的循环体系。2020年初全球疫情蔓延导致国际环境的变化使上述的"双环流"价值链体系受到严重的威胁，国际贸易投资骤减，人员、服务、物流、资金往来受限，全球市场供给需求能力下降。受各国停工停产影响,中国乃至全球的产业链、供应链都出现产供销脱节、上下游不同步等问题,暴露出世界生产体系的不稳定性。在这样的背景下,依赖于投资和外需驱动的经济增长模式再也难以支撑我国经济的高速增长。面临发展阶段、环境和条件的变化,要破解经济发展困局,必须审时度势,构建以国内大循环为主体、国内国际双循环相互促进的新发展格局,培育疫后我国经济复苏的新优势和新动力。为此,我国需保持战略定力,全面深化改革开放,解决存在的突出矛盾和问题,以应对国际循环中潜在的风险,并整体提高我国产业链、供应链的稳定性和安全性,确保疫后经济的安全运行。

(三)构建"双循环"新发展格局的重大意义

以国内大循环为主体,有利于构建完整的内需体系。受国内劳动力成本上升、中美经贸摩擦升级以及突如其来的新冠肺炎疫情等多重因素影响,我国出口受到较大阻碍,因此必须以满足国内需求和消费为出发点,构建完整的内需体系,利用国内大循环来稳定我国经济增长。就供给端而言,"出口转内销"的外贸企业要了解国内市场环境和行业内销市场的特点,制定系统的内销市场经营策略,做好打"持久战"的准备。另外,要扩大高质量商品和服务的进口,从而满足日益丰富的消费需求,通过超大规模的市场优势促进经济的发展。从需求端角度来看,国家可采取一系列政策挖掘居民消费潜力,着力提高中低收入群体的收入水平,加大就业支持和补贴力度,通过发放消费券刺激消费等措施推动消费的复苏,从而畅通国内循环。

国内国际双循环相互促进,有利于构建"双环流"全球价值链体系。"双环流"全球价值链由包括发达经济体和发展中经济体在内的两个环流体系构成,其中一个环流位于我国和欧美发达经济体之间,在这个环流体系中,我国处于产业链的中端,向发达经济体输出中间产品,产品技术含量较低,我国仍需向价值链高位攀升,还要从处于较高位势的发达经济体引进包括绿色技术在内的先进技术和管理经验。另一个环流位于我国和发展中经济体之间,在这个环流体系中,我国相对处于价值链高端,可凭借自身雄厚的经济实力、装备制造业大国的地位以及相应的产业协调能力,加强与发展中经济体的经济合作。[1]

国内国际双循环相互促进,有利于挖掘国内市场潜力,打通国内外市场。国际疫情形势依然复杂严峻,外部需求的大幅下降使我国外贸企业面临订单下滑等更巨大的挑战。在目前外需不足的情况下,支持出口产品转内销,不仅能够帮助外贸企业缓解销售压力,帮助企业渡过难关,保障企业所在的产业链、供应链稳定及其在国际市场中的地位不动摇,也有助于更好地推动国内市场经济体制改革,促进国内外市场标准有效对接,进一步打通国内外市场,加强内外贸企业沟通协作,促进国内国际双循环新发展格局的构建,进而为国内和全球的经济发展注入新活力,为中国和世界的共同繁荣带来新机遇。

---

[1] 韩晶、孙雅雯:《借助"一带一路"倡议构建中国主导的"双环流全球价值链"战略研究》,载《理论学刊》,第4期,2018年7月30日。

二、通过国内大循环为经济发展赋能

加强国内大循环在"双循环"新发展格局中的主导作用,是从我国国情和经济发展的现实需要着眼的。作为一个大国,我国具备内部循环的基础和条件,只有实现国内大循环的畅通,才能更有底气和实力,直面风云变幻的国际形势和各种挑战。

(一)增强韧性加快形成国内大循环

充分挖掘内需潜力,加快畅通形成国内大循环,能够极大地增强我国经济的韧性。

中国、美国和欧盟作为世界主要经济体,有着相似的消费市场,然而对内部贸易和外部贸易的依赖程度却各不相同。从外贸依存度看,我国在加入WTO后,外贸依存度迅速提升,

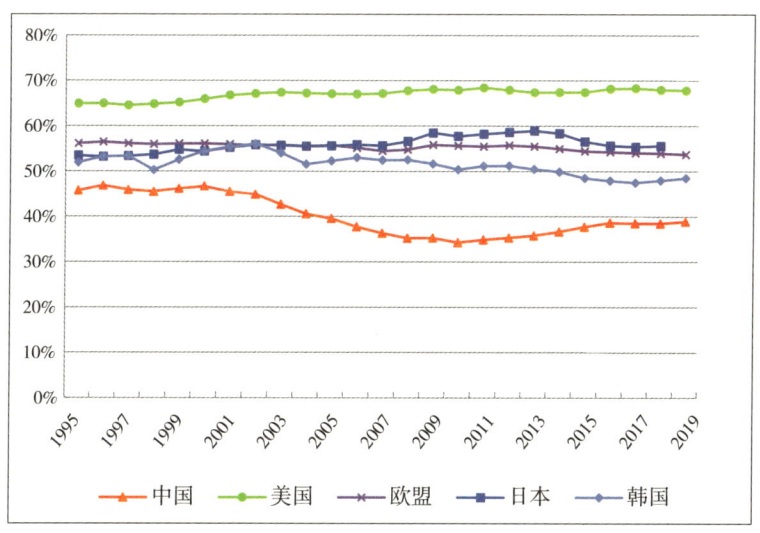

* 各国居民最终消费占GDP的比重。数据来源:世界银行世界发展指标数据库

在2005年达到62.42%的最高点,然后逐渐回落,2020年为31.71%。这也说明在过去依赖国际循环发展的经济模式下,我国外贸增长日趋乏力。欧盟长期以来对外贸的依赖性较强,尤其是在2017年至2019年这三年间其外贸依存度均高达72%以上,2020年回落至69.32%左右;美国则依赖国内循环提升贸易发展质量,对外贸易依存度处于较低水平,2020年外贸依存度约为18.32%。为促进贸易再上新台阶,我国需要发挥国内循环的积极作用,依赖庞大的国内市场,发挥我国比较优势,同步推进全国统一大市场和贸易强国的建设。

以往我国的经济发展主要依赖国际循环,导致内需被严重压缩,居民消费占GDP的比重明显低于欧盟、美国、日本、韩国等发达经济体,实际上国内需求仍有巨大的潜力,这也是我国经济发展的重要优势。通过国内循环释放需求潜力,增强

* 在大湾区建设中开拓新发展格局(新华社,记者刘大伟摄)

社会消费能力,将产生以下两方面积极影响:一方面,随着商品数量和种类的增加,居民的生活质量和幸福感随之上升;另一方面,国内市场规模的扩大也会带动对国外中间品和最终品的需求的增加,继而缓解贸易不平衡问题,对国际循环也有很好的促进作用。

国内市场潜力的挖掘要从以下三方面着手:一是通过扶持中小微企业发展、加大职业技能培训等措施来稳定就业,保障居民生活水平;二是通过先进技术的推广及产业布局的调整来促进传统农业转型升级,切实提高农民收入,缩小城乡收入差距,释放农村消费需求;三是优化住房、教育、医疗、养老、失业等方面的社会保障制度,为消费"松绑",解除居民消费的后顾之忧。

(二)依托国内大循环发展重点产业

芯片对未来高端制造产业的发展具有十分重要的战略价值,涉及的不仅是市场与市场之间的竞争,更是国家与国家之间的竞争,容易成为贸易摩擦中的"常用武器"。我国芯片高度依赖进口,芯片技术短板严重制约了我国高端制造业和信息产业的发展。以集成电路及微电子组件行业为例,2010年以来,该行业的进口额是出口额的5倍之多,近年来该行业的进口额在总进口额中所占的比重更是超过10%。我国作为制造业大国,要突破关键产品受制于人的困境,必须借助国内循环大力发展自己的芯片产业。具体来说,以国家战略为牵引培育一批龙头企业,同时引进高水平技术人才,鼓励各主体的研发、创新和技术转移,加强国际化合作以及国内对研发成果的保护。

当前以5G技术为核心的信息通信产业也成为全球贸易争端频发的主要领域之一，中国5G设备制造商连续被美国、澳大利亚、英国、瑞典等国家排除出5G供应商名单。国内循环的发展，是为了保证即便在难以"走出去"的情况下5G产业依然能依靠国内市场成长、壮大，相关企业可以先在国内市场开拓中发展，在社会治理、产业升级和生活服务等不同领域推进5G技术的应用，再将成功案例复制、推广至全球，带来产业增量。

（三）依托国内大循环提升外贸竞争力

劳动者使用金钱购买最终消费品，厂商向国内的上游企业采购原材料，企业向劳动者支付报酬，劳动者获得收入以后再去消费，这就形成经济的国内循环。首先，旨在提振内需的国内循环有利于国内生产部门发展，缩小出口部门与非出口部门之间的发展差距，改善行业发展不平衡问题。其次，与从事加工贸易相比，参与国内循环的企业可以获取更高的利润，进而获得创新的动力，并有能力增加研发投入，更好地解决生产效率问题。再次，国内循环可以增强我国抵御国际风险的能力，避免贸易摩擦，从而提高经济运行的稳定性。

我国拥有相对完备的工业产业门类，从41个工业大类到666个工业小类，均有所覆盖，同时还具有世界最大的制造业规模，这是我国构建"双循环"新发展格局的重要优势。受疫情冲击，全球产业链风险增大，部分产业中间投入品的国际供给受阻，此时把目光转向国内可以帮助外贸企业更好地克服困难。就投入端而言，企业能在国内寻找可替代的中间投入品，维持正常生产活动,在保持"双循环"畅通的同时进一步促进国内产业链和供应链升级;而从产出端方面来看,企业的海外销售受阻时,可以选择"出口转内销"的策略,充分借助国内大市场优势持续提高自身的竞争力,等到国际市场情况好转以后再进行对外贸易。

三、构建国内国际双循环新发展格局

"双循环"新发展格局虽然以国内大循环为主体,但这并不意味着国际循环不重要。海外仍有广阔的市场等待开拓,在发展国内大循环的同时要进一步推动对外开放,鼓励企业开展对外贸易,加快"走出去"的步伐。

(一)借助"双循环"新发展格局深耕全球价值链

在国内循环方面,可以促进产业链集群的发展,实现区域内关键零部件本地生产,降低海外采购零部件面临的政治、生产、物流等方面的风险。在国际循环方面,随着全球价值链的发展,主要经济体之间科技、金融、生产等领域的合作已极为深入,任何主动脱钩的行为均是不可行的,因此我国应以更高水平的开放来推动构建全球生产新格局。具体而言,首先,推动现有产业链升级,突破产业发展短板,更深层次地融入全球价值链,增强国内产业链在国际生产网络中的不可替代性,提高"中国制造"的附加值及其在全球产业链中的地位。其次,借助国际组织和已搭建的经贸平台与贸易合作伙伴进行友好协商,在确保防疫工作正常开展的前提下,增设便于货物和人员往来的绿色通道，保障关键产品和核心零部件的供应链畅通。再次，在"双循环"中应当充分发挥我国巨大消费市场的比较优势，专注价值链中下游，建设价值链下游生产制造中心，进一步放开原材料和中间品进口，建设大国开放型经济。最后，通过更深层次、更大范围的开放引进国外高质量商品和生产要素，同时也推动国内产品和生产要素高水平"走出去"，推动构建更为稳健、紧密的全球生产体系，并提高供应链的风险应对能力。

（二）借助经贸平台构建"双循环"新发展格局

在我国对外开放的进程中已经搭建起了诸多经贸平台，如"一带一路"、《区域全面经济伙伴关系协定》（RCEP）、中韩自贸区、中澳自贸区、亚洲基础设施投资银行等，这些经贸平台能与"双循环"形成互补，在相互促进中实现共同发展。

以RCEP为例，RCEP的成立为未来我国对外经贸发展构建了重要基础和平台，为我国争取更多贸易规则制定的主动权、为中国企业开拓全球市场带来了巨大的机遇。RCEP成员国大多邻近我国，既有发达国家也有发展中国家，我国能够从RCEP成员国进口大量的资源型产品以及高质量的中间投入品，这对我国国内大市场的发展意义重大，也有助于我国国内循环的发展。同时，依托国内大市场取得的规模优势也有助于提升我国产品在RCEP成员国市场上的竞争力，相当于进一步扩大了我国产品的市场规模。RCEP是自2001年我国加入世贸组织以来签署的规模最大的区域自由贸易协定，协定覆盖的范围及质量远超以往，借助RCEP平台能扫除我国同亚太地区其他经济体经贸合作中的诸多障碍和限制,同时也能促使我国接触、学习和制定先进经贸规则,更好地推动国际循环及全球经济一体化发展。

RCEP签署后我国与日本达成双边关税减让安排,据统计,我国已对6449类产品的关税进行了不同程度的削减,削减形式包括关税立即削减40%或50%、立即降至零关税和关税在10年、15年、20年内等比削减为零等多种形式,其中以在10年内等比削减为零为主;日本方面也对2558类产品关税进行了削减,但由于日本关税基准税率相对较低,其降税产品类别较中国略少,降税幅度也相对较小。关税和非关税壁垒的削减有利于我国同RCEP成员国之间的贸易往来,同时反向推动我国国内经济的转型升级,实现国内国际双循环相互促进。

签署RCEP之后中日相互关税减让统计表[1]

方向	削减形式	产品数量	占比(%)
中国对日本削减 (6449类产品)	初始零关税不再削减	699	8.45
	免除削减或取消关税的承诺	1129	13.64
	立即降至零关税	1371	16.56
	关税削减40%	26	0.31
	关税削减50%	4	0.05
	10年内等比削减为零	3848	46.49
	15年内等比削减为零	952	11.50
	20年内等比削减为零	248	3.00

1.其中关税削减40%或50%表示自RCEP生效第一年起关税降低40%或50%,后续不再削减。

续表

方向	削减形式	产品数量	占比（%）
日本对中国削减（2558类产品）	免除削减或取消关税的承诺	1357	14.92
	RCEP生效后零关税	5183	56.97
	10年内等比削减为零	1444	15.87
	15年内等比削减为零	1046	11.50
	20年内等比削减为零	68	0.75

* 资料来源：中国自由贸易区服务网

（三）借助"双循环"战略提升对外贸易质量

在过去的数十年间，中东的能源、日韩的中间零部件、欧美的资本和技术开始在我国汇集，依靠廉价的劳动力和土地，低附加值加工贸易在我国迅速发展。然而，劳动力成本的日渐上升使我国低端制造业产品逐渐丧失国际竞争力，其在海外市场的份额不断下降，加工组装环节逐步向生产成本更廉价的东南亚国家转移，可见原有的经济增长模式已不再适应我国经济发展的需要。另外，随着国内居民收入水平的提高，人们对高质量产品的需求逐步增加。在此背景下，"双循环"经济发展中必须着重深化供给侧结构性改革，提高产品档次和附加值，推动贸易质量提升。为畅通国内大循环，应当加强对高新技术产业的政策性扶持，逐步淘汰高耗能、高污染的产业，促进国内制造业产品和服务质量的提升；在"双循环"新发展格局中，应当大力引进核心技术、关键设备，提高我国企业在全球价值链中的地位以及出口产品的国内附加值，以保持并提升我国的国际市场份额，推动我国对外贸易再上新台阶。

第 8 章

直挂云帆济沧海

——砥砺奋进建设贸易强国

总之,进入新发展阶段,国内外环境的深刻变化既带来一系列新机遇,也带来一系列新挑战,是危机并存、危中有机、危可转机。

——习近平总书记在经济社会领域专家座谈会上的讲话(2020年8月24日)

第 ⑧ 章 → 直挂云帆济沧海——砥砺奋进建设贸易强国

党的十九大报告提出要推动形成全面开放新格局，推进贸易强国建设，这集中体现了解放和发展生产力这一中国特色社会主义的本质要求，也充分反映了我国努力实现更高质量、更有效率、更加公平、更可持续的发展的坚定决心。面对国际国内形势的深刻变化，中共中央、国务院发布《关于推进贸易高质量发展的指导意见》，将新发展理念贯穿推进贸易高质量发展的全过程。在爬坡攀登的过程中，不仅要有矢志不渝的信念，更要有砥砺前行的勇气。

一、新时代贸易强国建设的新方位

知者善谋，不如当时。当今世界正经历百年未有之大变局，国际贸易和投资大幅萎缩，国际金融市场动荡，全球经济持续低迷，整体呈东升西降、西强东弱的态势。站在历史和未来的交汇点，面对错综复杂的外部环境，我国要因时制宜、审势而行，将贸易强国目标落实在具体行动中，奏响中国发展的时代最强音。

（一）贸易强国建设的新定位

新中国成立70多年来，通过在实践中不断探索，我国对外贸易取得了举世瞩目的成就，然而全球化进程进入盘整期，国际贸易出现趋势性下降，世界经济形态发生深刻变化，国际循环动能明显减弱，大国博弈日益加剧，给我国贸易的发展带来了巨大压力。为此，我们要把思想和行动统一到习近平总书记关于把握新发展阶段、贯彻新发展理念、构建新发展格局的重要论述上来。习近平总书记在其发表于《求是》杂志的文章《把握新发展阶段，贯彻新发展理念，构建新发展格局》中指出："构建新发展格局的关键在于经济循环的畅通无阻，就像人们讲的要调理好统摄全身阴阳气血的任督二脉。经济活动需要各种生产要素的组合在生产、分配、流通、消费各环节有机衔接，从而实现循环流转。"

贸易强国建设是推动国内国际双循环顺畅连接的重要力量。开放型经济下的制造业分工带来了国际贸易的极大变化，实体经济和虚拟经济并驾齐驱，实体经济是虚拟经济的基础，虚拟经济补充和推动实体经济的生存和发展，两大经济形态之间相互依附，牵一发而动全身。同时，全球产业链、供应链、价值链难舍难分，贸易影响着三者的安全稳定，而维护三者的安全稳定也是贸易循环畅通的关键。现代商贸流通关系着生产效率，生产的过程就是流通的过程，而流通是全要素的流通，未来将是经济的大循环，循环中既包括土地、劳动力、资本等有形要素禀赋的顺畅流动，也包括技术、企业家才能、国家综合竞争优势等无形要素禀赋的融通。贸易强国建设要求继续扩大开放，根据国际形势变化及时调整升级国内生产模式，做好各个环节的有机衔接，从而促进经济循环的畅通，推动国内国际双循环顺畅连接。

贸易强国建设是构建"双循环"新发展格局的重要环节。贸易是对外开放的重要组成部分，没有贸易强国建设的促进带动作用，国内循环缺少对国际资源的充分利用，难以打造国际合作和竞争新优势。在新的历史发展阶段，国内国际双循环你中有我、我中有你，建设贸易强国，要从大的方向把握，始终坚持推进贸易高质量发展，促进经济发展提质增效。

（二）贸易强国建设的新动力

我国经济具有强大的发展潜力和韧性，这是贸易强国建设的核心动力。2020年我国GDP占全球GDP的比重超过15%，成为全球唯一实现正增长的主要经济体。在全球投资萎缩的背景下，我国2020年外国直接投资流入额逆势增长4%，突破1630亿美元，超越美国位居全球第一。在当前的背景下，涌现了一系列推进贸易强国建设的新动力。

完整的产业链是贸易强国建设的新动力。我国近乎完整的现代工业体系以及强大的生产能力为国内产业生存和发展提供了坚实基础，也为产业提质升级提供了沃土。国内的产业链完整性和发展水平决定了企业的整体实力，是企业参与国际竞争的重要基础。随着产业结构的不断优化，贸易和产业之间实现良性互动，助力贸易强国建设。

外贸新业态新模式是贸易强国建设的新动力。新一轮科技革命加速进行，我国在数字基础设施、数据规模等方面具有显著优势，不断加快的数字化、智能化发展为贸易高质量发展赋能。聚焦重点领域开展的压力测试，对可复制、可推广的经验的大力探索，以及国家服务业扩大开放综合示范区的打造，使贸易的制度性交易成本大大降低，贸易和投资的自由化、便利化水平逐步提升。以科技创新、服务业开放、数字经济为主要特征的自由贸易试验区的设立，推动了贸易主体数字化转型，尤其是促进了服务贸易数字化转型。

优质的跨国企业是贸易强国建设的新动力。跨国公司带来的研发、资本等要素的溢出效应构成助推贸易强国建设的动力。我国超大规模的国内市场拥有独一无二的吸纳能力和消化能力，随着外资准入条件进一步放宽,市场化、法治化、国际化的营商环境的持续优化,以及对外开放水平不断提高,我国吸引了大量全球优质要素资源。随之而来的还有越来越多的跨国企业,我国迎来了利用国际要素促进对外贸易发展的重要窗口期。

* 2021年互联网之光博览会(新华社,记者黄宗治摄)

二、贸易强国建设的光明前景

当前,我国开启全面建设社会主义现代化国家新征程,向第二个百年奋斗目标进军,进入了一个新发展阶段。党的十九届六中全会全面总结党的百年奋斗重大成就和历史经验,全会审议通过的《中共中央关于党的百年奋斗重大成就和历史经验的决议》指出,我国必须顺应经济全球化,依托国内超大规模市场优势,实行更加积极主动的开放战略;坚持共商共建共享,推动共建"一带一路"高质量发展；形成更大范围、更宽领域、更深层次对外开放格局，构建互利共赢、多元平衡、安全高效的开放型经济体系，不断增强我国国际经济合作和竞争新优势。这就为全面推进贸易强国建设指明了方向。

新时代贸易强国建设内涵丰富，小到贸易主体，大到贸易地位，涉及贸易的方方面面。我国的贸易发展到今天，仅仅保持总量上的优势已无法实现可持续增长，贸易强国建设从来没有像现在这样重要。基于对当前外部环境的深刻认识以及对我国贸易发展水平和现状的充分了解，我们相信，贸易强国建设的道路也许是曲折的，但前途必定是光明的。

（一）我国贸易发展具备强大韧性

韧性，指在外力作用下事物坚实不易折断的性质，也指顽强持久的精神。广植于热带地区的夹竹桃，极容易繁殖和生产，一年四季，一朵花黄了，又开出一朵花，始终盛放，从不张扬，却一点也不含糊，顽强的生命力彰显出其巨大的韧性。与之相似，我国贸易发展展现出极强的韧性，继续保持稳中有进的势头。

在新冠肺炎疫情给国际贸易带来严峻挑战的情势下，我国贸易逆水行舟，2020年货物进出口总额为46559亿美元，创下历史新高，进一步巩固了我国货物贸易第一大国的地位。我国成为全球唯一实现货物贸易正增长的主要经济体，在国内外引起广泛关注。我国贸易不仅在总量上具有强大的韧性，在质量上的综合竞争力也显著提高。从这份出色的答卷中，全世界都看到了中国贸易发展的势头之稳、潜力之大、未来之光明。

2020年，我国包括口罩在内的纺织品、医疗器械、药品的出口额合计增长了31%，笔记本电脑、平板电脑、家用电器的出口额合计增长了22.1%。防疫物资以及用于居家办公、上课的产品出口的快速增长对整体出口增长起到不小的推动作用。外贸企业根据疫情形势发展及时调整和创新经营思路及管理模式，实行弹性工作制，倡导线上办公、远程办公，推动生产智能化、自动化，并且通过举办线上展览、发送电子会刊等方式进行宣传，保证经营活动正常开展，使我国贸易始终保持平稳运行态势成为可能。多种类商品的持续进出口和灵活的生产运营模式助力贸易发展，为贸易强国建设在疫情期间稳步推进奠定了基础。

<拓展阅读>

京东"春雨计划"支持海外商家

2020年3月10日，京东国际的"春雨计划"落地，该计划针对海外商家资金紧张、生产暂停等问题，提供费用补贴、广告激励金、入仓政策支持、流量扶持等，保障海外商家货品销售。在大促销活动期间，京东国际还联合京东的其他运营频道，支持受疫情影响较大国家的商家进行产品销售，不仅为商家提供更多的营销资源，还优先支持海外线路的提货、发运和调配，打通物流"堵点"。此外，京东国际还联合多国驻华使馆举办在线招商会，通过线上直播等"云洽谈"的方式，积极吸引和保障海外商家入驻，引进新品牌、新产品，重点保证紧缺商品的供应渠道稳定。针对因疫情导致的延期发货、延迟履约等问题引发的消费者投诉，京东国际还协助商家与消费者沟通，并酌情减免商家责任。

（二）贸易强国建设前路广阔

政府因时制宜出台了一系列方针政策，给我国贸易的发展吃下了一颗又一颗"定心丸"。2012年4月，商务部印发《对外贸易发展"十二五"规划》，为我国由贸易大国走向贸易强国指明了方向。2019年11月，为加快培育贸易竞争新优势，推进贸易高质量发展，中共中央、国务院印发了《关于推进贸易高质量发展的指导意见》。2020年10月，《中共中央关于制定国民经济和社会发展第十四个五年规划和二〇三五年远景目标的建议》中指出："立足国内大循环，发挥比较优势，协同推进强大国内市场和贸易强国建设，以国内大循环吸引全球资源要素，充分利用国内国际两个市场两种资源，积极促进内需和外需、进口和出口、引进外资和对外投资协调发展，促进国际收支基本平衡。"2021年6月商务部印发的《"十四五"商务发展规划》进一步从推进对外贸易创新发展、深化"一带一路"经贸合作、积极参与全球经济治理等角度提出贸易强国建设的路径。在有关政策的指引下，贸易强国建设步伐显著加快。

近年来，本土企业逐步提高质量意识，愈加重视核心技术研发，我国贸易主体的竞争力持续增强，出口产品的附加值不断提高，贸易结构也得到进一步优化。同时，我国经济的内循环不断发展，产业基础持续夯实，产业竞争力逐步提升，产业升级稳步推进。更重要的是，新兴产业正快速发展、壮大，互联网、大数据、人工智能等领域与贸易渐渐有机融合，外贸新业态新模式培育步伐明显加快，贸易数字化水平不断提升，贸易业态创新能力显著增强。一系列举措和成绩昭示着我国贸易强国建设正有序、平稳推进，未来前景一片光明。

三、向贸易强国目标砥砺前进

新中国成立以来,我国对外贸易总体上经历了规模从小到大、主体由少至多、效益从劣到优、结构从单一到多元的过程。迈入新发展阶段,需要精准贯彻新发展理念,在加快构建"双循环"新发展格局中积极探索、勇于实践、敢于作为,毫不动摇地向贸易强国目标前进。

(一)牢牢把握贸易发展趋向

从平等互利、独立自主的对外贸易原则的确立,到对外贸易法令法规的颁布,1978年之前,我国对外贸易在曲折中前进。1978年开始实行的改革开放政策揭开了我国对外贸易迅速发展的序幕——设立经济特区、推行外贸承包经营责任制、建立海

* 见证改革开放"桥头堡"拔地而起的深圳前海石(新华社,记者毛思倩摄)

关特殊监管区、削减关税和非关税壁垒、取消汇率双轨制等一系列重大举措激发了对外贸易的活力。

加入世贸组织为我国对外贸易的发展带来了更广阔的天地,此后我国对外贸易的潜力得到极大释放,如离弦之箭般飞速发展,货物贸易规模持续提升,服务贸易规模稳步扩大。与此同时,贸易增长的可持续性越来越受到重视,随着"以质取胜"和"科技兴贸"战略陆续贯彻实施,"中国制造"产品的质量和附加值不断提升。

回顾我国对外贸易的发展,面对不同时期的经济发展形势,党和国家领导人着眼长远,作出科学研判,进行前瞻性布局,并根据时势的变化不断完善政策、深化改革,牢牢把握贸易发展趋向,牢牢掌握贸易强国建设的主动性。面向未来,《中共中央关于制定国民经济和社会发展第十四个五年规划和二〇三五年远景目标的建议》指出:"全面提高对外开放水平,推动贸易和投资自由化便利化,推进贸易创新发展,增强对外贸易综合竞争力。"

(二)大步走在贸易强国建设路上

建设贸易强国,必须立足于我国劳动力丰富但资源总量有限的现实,坚持平衡贸易结构、提升出口产品质量、促进进出口结构多元化、找准支撑点的原则,保持对外贸易合理增长这一基本点不变,进一步将我国对外贸易发展的着力点从数量和规模上转移到质量和效益上。[1]世界经济格局不断变化,全球贸

---

1. 高虎城:《从贸易大国迈向贸易强国》,载《人民日报》,2014年3月2日。

易发展形势更加错综复杂，不确定因素也明显增多。在此背景下，推动"一带一路"建设、服务业对外开放、自由贸易试验区建设、数字贸易发展，对促进我国对外贸易在"双循环"新发展格局中的高质量发展有相当重大的意义。

依托"一带一路"建设的区域治理和国际合作正顺利开展。随着制造业水平的不断提升、产业价值链的不断健全，我国在世界经济和国际分工格局中的地位也发生了显著变化，目前在与发达国家之间形成的价值链环流和与发展中国家之间形成的价值链环流中正逐步走向核心，国内企业在国际分工中的处境也随之发生了从被动参与到主动接受、再到积极参与的改变。借助在"双环流"体系中构建的"一带一路"合作框架，我国正积极参与全球高标准经贸规则制定和多边经贸治理。

服务业安全开放正在按需分类、渐近有序推进。如今我国服务贸易发展受到高度重视，为推动服务业的创新和转型，我国根据不同市场主体需求及不同行业特征，制定差异化的开放措施，分类推进服务业高水平开放；同时继续压减外资准入负面清单，继续扩大鼓励外商投资范围，并降低人员流动限制、减少其他歧视性措施，多措并举，不断深化服务业开放。

自贸试验区布局逐步优化，制度创新作用日益彰显。《"十四五"商务发展规划》指出，高水平、高标准、高质量建设自贸试验区和自由贸易港，打造改革开放新高地，推动形成国内国际双循环相互促进的重要枢纽。自贸试验区主动对接长江三角洲区域一体化发展、粤港澳大湾区建设、京津冀协同发展等区域发展规划，区域间的合作联动正在有效展开。

数字贸易发展步伐明显加快。传统贸易主要依赖实体贸易网络，现代国际贸易则以虚拟网络支撑实体网络。我国跨境电商平台发展势头正猛，阿里巴巴国际站、京东国际等汇集了众多中小企业，为中小企业提供了拓展贸易的重要渠道。随着互联网技术的不断发展，跨境电商交易额占货物总贸易额的比重也越来越大。

纵观全局，我国已大步走在贸易强国建设的大路上。展望未来，要抓住机遇，努力构建以国内大循环为主体、国内国际双循环相互促进的新发展格局，着力塑造贸易竞争新优势，提升各类贸易主体竞争力，培育世界一流的本土跨国公司；要进一步提升产品附加值，促进贸易地位攀升；要不断优化贸易结构，努力实现从"中国制造"向"中国创造"的转变；要持续加强贸易平台建设，注重培育平台功能和网络建设；要大力提升贸易的综合效益，以此提高国民福利水平，推进贸易强国建设迈向新阶段。在已经到来的第四次工业革命中，我们应顺势而为、乘势而上，既要借助后发优势实现"弯道超车"，又要把握新技术革命带来的新机遇实现"换道超车"。

马克思曾说："最好是把真理比做燧石——它受到的敲打越厉害，发射出的光辉就越灿烂。"乘风破浪会有时，直挂云帆济沧海。走在这样的道路上，只要我们理性看待新机遇新挑战，深刻理解我国贸易发展的强大韧性，坚定信心，毫不动摇，就一定能勇攀高峰，实现建成贸易强国的目标。

后 记

能够承担"问道·强国之路"丛书中《建设贸易强国》的编写工作,首都经济贸易大学编写组感到既艰巨又光荣。"问道·强国之路"丛书既是对习近平新时代中国特色社会主义思想的理论研究和阐释,又是面向广大群众特别是青年深入进行党的路线方针政策的理论宣传,站在全面开启第二个百年奋斗目标新征程的历史节点上,其出版具有十分重要的意义。

首都经济贸易大学作为北京市习近平新时代中国特色社会主义思想研究中心的研究基地之一,秉承"崇德尚能,经世济民"的校训精神,围绕习近平新时代中国特色社会主义经济思想深入开展研究和阐释工作,发挥好智库作用,并围绕落实立德树人根本任务,将研究成果融入人才培养各个环节,深化推动课程思政建设,培养德智体美劳全面发展的社会主义建设者和接班人。《建设贸易强国》一书的编写工作,为我们更深入地研究和阐释习近平新时代中国特色社会主义经济思想提供了难得的机会,其成果必将融入专业人才培养,成为在专业思政框架下深化课程思政建设的有效举措。同时,我们欣慰地看到,这一成果将走出校园,服务更广泛的群众性理论宣传教育,这也是学校承担社会责任的应有之义。

在本书编写过程中,我们得到了红旗文稿杂志社社长顾保国,中央党校哲学教研部副主任董振华,商务部国际贸易经济合作研究院原副院长、中国国际贸易学会副会长李钢,中国商务出版社社长兼总编辑郭周明,商务部国际贸易经济合作研究院跨国公司研究中心主任何曼青,以及首都经济贸易大学经济学院教授郎丽华等专家学者的悉心指导、专业把关和倾力相助,在此向他们表示衷心感谢。

为了编写本书,首都经济贸易大学编写组做了大量理论研究和实际调研工作,付出了艰苦的努力。校党委书记韩宪洲亲任主编,把握全书编写方向和要求,全程主持编写工作。副主编赵家章统筹全书内容撰写和专家咨询工作,副主编冯博统筹全书结构安排和编写事务工作。撰稿人王佃凯负责第五章撰写工作,文磊负责第三章撰写工作,王晓星负责第二章撰写工作,连慧君负责第一章撰写工作,张宸妍负责第四章和第八章撰写工作,展金泳、赵家章负责第六章和第七章撰写工作,耿绍宝负责部分图片收集及编写校对等工作。同时,编写组得到了首都经贸大学经济学院解小娟书记、王军院长,以及劳动经济学院冯喜良院长的大力支持。此外,我们还得到了中国青年出版社陈章乐总编辑、侯群雄主任和张睿智编辑的鼎力相助。在此也一并向他们表示衷心感谢。

受知识水平和研究能力所限，书中难免会有错漏之处，敬请广大同行专家和读者给予批评与指正。

编者

2022年2月

图书在版编目（CIP）数据

建设贸易强国 / 韩宪洲主编. —北京：中国青年出版社，2022.5
ISBN 978-7-5153-6624-1

Ⅰ.①建… Ⅱ.①韩… Ⅲ.①对外贸易-研究-中国 Ⅳ.①F752

中国版本图书馆CIP数据核字（2022）第059863号

"问道·强国之路"丛书

《建设贸易强国》

主　　编　韩宪洲

责任编辑　侯群雄
特约编辑　张睿智
出版发行　中国青年出版社
社　　址　北京市东城区东四十二条21号（邮政编码 100708）
网　　址　www.cyp.com.cn
编辑中心　010-57350401
营销中心　010-57350370
经　　销　新华书店
印　　刷　北京中科印刷有限公司
规　　格　710×1000mm　1/16
印　　张　12.75
字　　数　140千字
版　　次　2022年9月北京第1版
印　　次　2022年9月北京第1次印刷
定　　价　38.00元

本图书如有印装质量问题，请凭购书发票与质检部联系调换。电话：010-57350337